朗読聖書

聖なる過越の三日間

カトリック中央協議会

目次

本書の使用にあたって

■本書は、典礼暦年の頂点である「聖なる過越の三日間」の典礼で朗読される聖書本文をまとめたものです。また、聖木曜日に行われる「聖香油のミサ」で朗読される聖書本文も掲載しました。

■聖書本文には㈶日本聖書協会発行『聖書　新共同訳』(一九八七年版)を採用しましたが、ローマ教皇庁秘跡・典礼聖省(現典礼秘跡省)が一九八一年に発表した「ミサの朗読配分」(Ordo Lectionum Missae)第二版の指示に従って、朗読のために必要最小限の修正を加えてあります(『ミサの聖書朗読指針』124参照)。朗読箇所の冒頭にある節番号のついていない句(冒頭句)と本文中の〔　　〕の部分がこれにあたります。また、聖金曜日に行われる主の受難の朗読は、登場人物の役割を分担して朗読することができるようにしてあります。そのため、『聖書　新共同訳』では間接話法になっている部分を直接話法に変更した箇所があります。

■聖金曜日の主の受難の朗読につけられている記号は、次のとおりです。朗読者の人数に応じて役割を分担してください。

十　キリスト(司式司祭)
C　語り手(第一朗読者)
S　群衆(数人、あるいは会衆一同)
A　他の登場人物(第二朗読者)

■各朗読の前にゴシック体の文字で主題句を掲げました。ふつう主題句は朗読される聖書本文からとられており、「その朗読の中心主題を示すとともに、必要であれば、同じミサの朗読相互の関連をその主題句によって表すことを目的としている」（『ミサの聖書朗読指針』123）ものですが、朗読のときには読み上げません。

■原則として節ごとに行を変えてありますが、朗読しやすいように節の途中でも改行した箇所があります。

■一つの朗読が見開きページで収まらない場合は、「←」で次のページに続くことを示しました。

■答唱詩編、アレルヤ唱、詠唱などは『典礼聖歌』などをお使いください。

第2刷より

・『聖書 新共同訳』二〇〇九年版に従い、15ページ1行目「毛を切る者の前に」を「毛を刈る者の前に」と訂正しました。

・二〇〇八年度臨時司教総会の決定に従い、46ページ10行目「アブラハムはその場所をヤーウェ・イルエ（主は備えてくださる）と名付けた」を「アブラハムはその場所を〔主は、備えてくださる（イルエ）〕と名付けた」と変更しました。

第4刷より

・日本聖書協会との協議の結果、二〇一八年五月二十一日から、カトリック教会の典礼における聖書朗読に限って『聖書 新共同訳』の「御子《みこ》」を「おんこ」と読み替えることになったため、18ページ5行目の「御子」の振り仮名を「おんこ」に修正しました。

聖木曜日　主の晩さんの夕べのミサ

過越の食事についての規定

第一朗読（出エジプト12・1―8、11―14）

出《しゅつ》エジプト記《き》

その日《ひ》、
1 エジプトの国《くに》で、主《しゅ》はモーセとアロンに言《い》われた。
2 「この月《つき》をあなたたちの正月《しょうがつ》とし、年《とし》の初《はじ》めの月《つき》としなさい。
3 イスラエルの共同体全体《きょうどうたいぜんたい》に次《つぎ》のように告《つ》げなさい。
『今月《こんげつ》の十日《とおか》、
人《ひと》はそれぞれ父《ちち》の家《いえ》ごとに、すなわち家族《かぞく》ごとに小羊《こひつじ》を一匹《ぴき》用意《ようい》しなければならない。
4 もし、家族《かぞく》が少人数《しょうにんずう》で小羊《こひつじ》一匹《ぴき》を食《た》べきれない場合《ばあい》には、
隣《となり》の家族《かぞく》と共《とも》に、人数《にんずう》に見合《みあ》うものを用意《ようい》し、
めいめいの食《た》べる量《りょう》に見合《みあ》う小羊《こひつじ》を選《えら》ばねばならない。←

5 その小羊《こひつじ》は、傷《きず》のない一歳《さい》の雄《おす》でなければならない。
用意《ようい》するのは羊《ひつじ》でも山羊《やぎ》でもよい。
6 それは、この月《つき》の十四日《か》まで取《と》り分《わ》けておき、
イスラエルの共同体《きょうどうたい》の会衆《かいしゅう》が皆《みな》で夕暮《ゆうぐ》れにそれを屠《ほふ》り、
7 その血《ち》を取《と》って、小羊《こひつじ》を食《た》べる家《いえ》の入《い》り口《ぐち》の二本《ほん》の柱《はしら》と鴨居《かもい》に塗《ぬ》る。
8 そしてその夜《よる》、肉《にく》を火《ひ》で焼《や》いて食《た》べる。
また、酵母《こうぼ》を入《い》れないパンを苦菜《にがな》を添《そ》えて食《た》べる。
11 それを食《た》べるときは、腰帯《こしおび》を締《し》め、靴《くつ》を履《は》き、杖《つえ》を手《て》にし、急《いそ》いで食《た》べる。
これが主《しゅ》の過越《すぎこし》である。
12 その夜《よる》、わたしはエジプトの国《くに》を巡《めぐ》り、
人《ひと》であれ、家畜《かちく》であれ、エジプトの国《くに》のすべての初子《ういご》を撃《う》つ。
また、エジプトのすべての神々《かみがみ》に裁《さば》きを行《おこな》う。
わたしは主《しゅ》である。
13 あなたたちのいる家《いえ》に塗《ぬ》った血《ち》は、あなたたちのしるしとなる。
血《ち》を見《み》たならば、わたしはあなたたちを過《す》ぎ越《こ》す。

14
わたしがエジプトの国《くに》を撃《う》つとき、滅《ほろ》ぼす者《もの》の災《わざわ》いはあなたたちに及《およ》ばない。
この日《ひ》は、あなたたちにとって記念《きねん》すべき日《ひ》となる。
あなたたちは、この日《ひ》を主《しゅ》の祭《まつ》りとして祝《いわ》い、
代々《よよ》にわたって守《まも》るべき不変《ふへん》の定《さだ》めとして祝《いわ》わねばならない。』」

第二朗読（一コリント11・23―26）

使徒《しと》パウロのコリントの教会《きょうかい》への手紙《てがみ》

皆《みな》さん、
23 わたしがあなたがたに伝《つた》えたことは、わたし自身《じしん》、主《しゅ》から受《う》けたものです。
すなわち、主《しゅ》イエスは、引《ひ》き渡《わた》される夜《よる》、パンを取《と》り、
24 感謝《かんしゃ》の祈《いの》りをささげてそれを裂《さ》き、
「これは、あなたがたのためのわたしの体《からだ》である。
わたしの記念《きねん》としてこのように行《おこな》いなさい」と言《い》われました。
25 また、食事《しょくじ》の後《あと》で、杯《さかずき》も同《おな》じようにして、
「この杯《さかずき》は、わたしの血《ち》によって立《た》てられる新《あたら》しい契約《けいやく》である。
飲《の》む度《たび》に、わたしの記念《きねん》としてこのように行《おこな》いなさい」と言《い》われました。
26 だから、あなたがたは、このパンを食《た》べこの杯《さかずき》を飲《の》むごとに、
主《しゅ》が来《こ》られるときまで、主《しゅ》の死《し》を告《つ》げ知《し》らせるのです。

あなたがたは食べ、飲むごとに、
主の死を告げ知らせるのである

イエスは弟子たちをこの上なく愛し抜かれた

福音朗読（ヨハネ13・1―15）

ヨハネによる福音《ふくいん》

1
過越祭《すぎこしさい》の前《まえ》のことである。
イエスは、この世《よ》から父《ちち》のもとへ移《うつ》る御自分《ごじぶん》の時《とき》が来《き》たことを悟《さと》り、
世《よ》にいる弟子《でし》たちを愛《あい》して、この上《うえ》なく愛《あい》し抜《ぬ》かれた。
2
夕食《ゆうしょく》のときであった。
既《すで》に悪魔《あくま》は、イスカリオテのシモンの子《こ》ユダに、イエスを裏切《うらぎ》る考《かんが》えを抱《いだ》かせていた。
3
イエスは、父《ちち》がすべてを御自分《ごじぶん》の手《て》にゆだねられたこと、
また、御自分《ごじぶん》が神《かみ》のもとから来《き》て、神《かみ》のもとに帰《かえ》ろうとしていることを悟《さと》り、
4
食事《しょくじ》の席《せき》から立《た》ち上《あ》がって上着《うわぎ》を脱《ぬ》ぎ、手《て》ぬぐいを取《と》って腰《こし》にまとわれた。
5
それから、たらいに水《みず》をくんで弟子《でし》たちの足《あし》を洗《あら》い、
腰《こし》にまとった手《て》ぬぐいでふき始《はじ》められた。
6
シモン・ペトロのところに来《く》ると、ペトロは、
「主《しゅ》よ、あなたがわたしの足《あし》を洗《あら》ってくださるのですか」と言《い》った。←

7 イエスは答《こた》えて、「わたしのしていることは、今《いま》あなたには分《わ》かるまいが、
後《あと》で、分《わ》かるようになる」と言《い》われた。
8 ペトロが、「わたしの足《あし》など、決《けっ》して洗《あら》わないでください」と言《い》うと、
イエスは、「もしわたしがあなたを洗《あら》わないなら、
あなたはわたしと何《なん》のかかわりもないことになる」と答《こた》えられた。
9 そこでシモン・ペトロが言《い》った。
「主《しゅ》よ、足《あし》だけでなく、手《て》も頭《あたま》も。」
10 イエスは言《い》われた。
「既《すで》に体《からだ》を洗《あら》った者《もの》は、全身清《ぜんしんきよ》いのだから、足《あし》だけ洗《あら》えばよい。
あなたがたは清《きよ》いのだが、皆《みな》が清《きよ》いわけではない。」
11 イエスは、御自分《ごじぶん》を裏切《うらぎ》ろうとしている者《もの》がだれであるかを知《し》っておられた。
それで、「皆《みな》が清《きよ》いわけではない」と言《い》われたのである。
12 さて、イエスは、弟子《でし》たちの足《あし》を洗《あら》ってしまうと、上着《うわぎ》を着《き》て、
再《ふたた》び席《せき》に着《つ》いて言《い》われた。
「わたしがあなたがたにしたことが分《わ》かるか。

13 あなたがたは、わたしを『先生《せんせい》』とか『主《しゅ》』とか呼《よ》ぶ。
そのように言《い》うのは正《ただ》しい。
わたしはそうである。
14 ところで、主《しゅ》であり、師《し》であるわたしがあなたがたの足《あし》を洗《あら》ったのだから、
あなたがたも互《たが》いに足《あし》を洗《あら》い合《あ》わなければならない。
15 わたしがあなたがたにしたとおりに、あなたがたもするようにと、
模範《もはん》を示《しめ》したのである。」

聖金曜日　主の受難

第一朗読（イザヤ52・13〜53・12）

彼が刺し貫かれたのは、わたしたちの
背きのためであった（主の僕第四の歌）

イザヤの預言《よげん》

主《しゅ》は言《い》われる。
52・13
見《み》よ、わたしの僕《しもべ》は栄《さか》える。
はるかに高《たか》く上《あ》げられ、あがめられる。
14
かつて多《おお》くの人《ひと》をおののかせたあなたの姿《すがた》のように
彼《かれ》の姿《すがた》は損《そこ》なわれ、人《ひと》とは見《み》えず
もはや人《ひと》の子《こ》の面影《おもかげ》はない。
15
それほどに、彼《かれ》は多《おお》くの民《たみ》を驚《おどろ》かせる。
彼《かれ》を見《み》て、王《おう》たちも口《くち》を閉《と》ざす。

だれも物語《ものがた》らなかったことを見《み》
一度《ど》も聞《き》かされなかったことを悟《さと》ったからだ。
53・1 わたしたちの聞《き》いたことを、誰《だれ》が信《しん》じえようか。
主《しゅ》は御腕《みうで》の力《ちから》を誰《だれ》に示《しめ》されたことがあろうか。
2 乾《かわ》いた地《ち》に埋《う》もれた根《ね》から生《は》え出《で》た若枝《わかえだ》のように
この人《ひと》は主《しゅ》の前《まえ》に育《そだ》った。
見《み》るべき面影《おもかげ》はなく
輝《かがや》かしい風格《ふうかく》も、好《この》ましい容姿《ようし》もない。
3 彼《かれ》は軽蔑《けいべつ》され、人々《ひとびと》に見捨《みす》てられ
多《おお》くの痛《いた》みを負《お》い、病《やまい》を知《し》っている。
彼《かれ》はわたしたちに顔《かお》を隠《かく》し
わたしたちは彼《かれ》を軽蔑《けいべつ》し、無視《むし》していた。
4 彼《かれ》が担《にな》ったのはわたしたちの病《やまい》
彼《かれ》が負《お》ったのはわたしたちの痛《いた》みであったのに
わたしたちは思《おも》っていた←

神《かみ》の手《て》にかかり、打《う》たれたから
彼《かれ》は苦《くる》しんでいるのだ、と。
5 彼《かれ》が刺《さ》し貫《つらぬ》かれたのは
わたしたちの背《そむ》きのためであり
彼《かれ》が打《う》ち砕《くだ》かれたのは
わたしたちの咎《とが》のためであった。
彼《かれ》の受《う》けた懲《こ》らしめによって、わたしたちに平和《へいわ》が与《あた》えられ
彼《かれ》の受《う》けた傷《きず》によって、わたしたちはいやされた。
6 わたしたちは羊《ひつじ》の群《む》れ
道《みち》を誤《あやま》り、それぞれの方角《ほうがく》に向《む》かって行《い》った。
そのわたしたちの罪《つみ》をすべて
　主《しゅ》は彼《かれ》に負《お》わせられた。
7 苦役《くえき》を課《か》せられて、かがみ込《こ》み
彼《かれ》は口《くち》を開《ひら》かなかった。
屠《ほふ》り場《ば》に引《ひ》かれる小羊《こひつじ》のように

毛《け》を刈《か》る者《もの》の前《まえ》に物《もの》を言《い》わない羊《ひつじ》のように
彼《かれ》は口《くち》を開《ひら》かなかった。
8
捕《と》らえられ、裁《さば》きを受《う》けて、彼《かれ》は命《いのち》を取《と》られた。
彼《かれ》の時代《じだい》の誰《だれ》が思《おも》い巡《めぐ》らしたであろうか
わたしの民《たみ》の背《そむ》きのゆえに、彼《かれ》が神《かみ》の手《て》にかかり
命《いのち》ある者《もの》の地《ち》から断《た》たれたことを。
9
彼《かれ》は不法《ふほう》を働《はたら》かず
その口《くち》に偽《いつわ》りもなかったのに
その墓《はか》は神《かみ》に逆《さか》らう者《もの》と共《とも》にされ
富《と》める者《もの》と共《とも》に葬《ほうむ》られた。
10
病《やまい》に苦《くる》しむこの人《ひと》を打《う》ち砕《くだ》こうと主《しゅ》は望《のぞ》まれ
彼《かれ》は自《みず》らを償《つぐな》いの献《ささ》げ物《もの》とした。
彼《かれ》は、子孫《しそん》が末永《すえなが》く続《つづ》くのを見《み》る。
主《しゅ》の望《のぞ》まれることは
彼《かれ》の手《て》によって成《な》し遂《と》げられる。←

11 彼《かれ》は自《みずか》らの苦《くる》しみの実《みの》りを見《み》
それを知《し》って満足《まんぞく》する。
わたしの僕《しもべ》は、多《おお》くの人《ひと》が正《ただ》しい者《もの》とされるために
彼《かれ》らの罪《つみ》を自《みずか》ら負《お》った。
12 それゆえ、わたしは多《おお》くの人《ひと》を彼《かれ》の取《と》り分《ぶん》とし
彼《かれ》は戦利品《せんりひん》としておびただしい人《ひと》を受《う》ける。
彼《かれ》が自《みずか》らをなげうち、死《し》んで
罪人《つみびと》のひとりに数《かぞ》えられたからだ。
多《おお》くの人《ひと》の過《あやま》ちを担《にな》い
背《そむ》いた者《もの》のために執《と》り成《な》しをしたのは
この人《ひと》であった。

第二朗読（ヘブライ4・14—16、5・7—9）

キリストは従順を学ばれ、御自分に従順であるすべての人々に対して救いの源となった

ヘブライ人《じん》への手紙《てがみ》

皆《みな》さん、

4・14 わたしたちには、もろもろの天《てん》を通過《つうか》された偉大《いだい》な大祭司《だいさいし》、
神《かみ》の子《こ》イエスが与《あた》えられているのですから、
わたしたちの公《おおやけ》に言《い》い表《あらわ》している信仰《しんこう》をしっかり保《たも》とうではありませんか。
15 この大祭司《だいさいし》は、わたしたちの弱《よわ》さに同情《どうじょう》できない方《かた》ではなく、
罪《つみ》を犯《おか》されなかったが、
あらゆる点《てん》において、わたしたちと同様《どうよう》に試練《しれん》に遭《あ》われたのです。
16 だから、憐《あわ》れみを受《う》け、恵《めぐ》みにあずかって、
時宜《じぎ》にかなった助《たす》けをいただくために、
大胆《だいたん》に恵《めぐ》みの座《ざ》に近《ちか》づこうではありませんか。
←

5・7 キリストは、肉《にく》において生《い》きておられたとき、
激《はげ》しい叫《さけ》び声《ごえ》をあげ、涙《なみだ》を流《なが》しながら、
御自分《ごじぶん》を死《し》から救《すく》う力《ちから》のある方《かた》に、祈《いの》りと願《ねが》いとをささげ、
その畏れ敬《うやま》う態度《たいど》のゆえに聞《き》き入《い》れられました。
8 キリストは御子《おんこ》であるにもかかわらず、
多《おお》くの苦《くる》しみによって従順《じゅうじゅん》を学《まな》ばれました。
9 そして、完全《かんぜん》な者《もの》となられたので、
御自分《ごじぶん》に従順《じゅうじゅん》であるすべての人々《ひとびと》に対《たい》して、永遠《えいえん》の救《すく》いの源《みなもと》とな〔ったのです。〕

受難の朗読（ヨハネ18・1〜19・42）

ヨハネによる主《しゅ》イエス・キリストの受難《じゅなん》

C　夕食《ゆうしょく》のあと、

18・1 イエスは弟子《でし》たちと一緒《いっしょ》に、キドロンの谷《たに》の向《む》こうへ出《で》て行《い》かれた。

そこには園《その》があり、イエスは弟子《でし》たちとその中《なか》に入《はい》られた。

2 イエスを裏切《うらぎ》ろうとしていたユダも、その場所《ばしょ》を知《し》っていた。

イエスは、弟子《でし》たちと共《とも》に度々《たびたび》ここに集《あつ》まっておられたからである。

3 それでユダは、一隊《いったい》の兵士《へいし》と、

祭司長《さいしちょう》たちやファリサイ派《は》の人々《ひとびと》の遣《つか》わした下役《したやく》たちを引《ひ》き連《つ》れて、そこにやって来《き》た。

松明《たいまつ》やともし火《び》や武器《ぶき》を手《て》にしていた。

4 イエスは御自分《ごじぶん》の身《み》に起《お》こることを何《なに》もかも知《し》っておられ、進《すす》み出《で》て、言《い》われた。

✝　「だれを捜《さが》しているのか。」

5 C　彼《かれ》らは答《こた》えた。

S　「ナザレのイエスだ。」←

C　イエスは言《い》われた。
†　「わたしである。」
C　イエスを裏切《うらぎ》ろうとしていたユダも彼《かれ》らと一緒《いっしょ》にいた。
6 イエスが「わたしである」と言《い》われたとき、彼《かれ》らは後《あと》ずさりして、地《ち》に倒《たお》れた。
7 そこで、イエスは重《かさ》ねてお尋《たず》ねになった。
†　「だれを捜《さが》しているのか。」
C　彼《かれ》らは言《い》った。
S　「ナザレのイエスだ。」
8 C　すると、イエスは言《い》われた。
†　「『わたしである』と言《い》ったではないか。
わたしを捜《さが》しているのなら、この人々《ひとびと》は去《さ》らせなさい。」
9 C　それは、「あなたが与《あた》えてくださった人《ひと》を、わたしは一人《ひとり》も失《うしな》いませんでした」
と言《い》われたイエスの言葉《ことば》が実現《じつげん》するためであった。
10 シモン・ペトロは剣《つるぎ》を持《も》っていたので、それを抜《ぬ》いて大祭司《だいさいし》の手下《てした》に打《う》ってかかり、
その右《みぎ》の耳《みみ》を切《き》り落《お》とした。手下《てした》の名《な》はマルコスであった。

11 イエスはペトロに言《い》われた。
十 「剣《つるぎ》をさやに納《おさ》めなさい。父《ちち》がお与《あた》えになった杯《さかずき》は、飲《の》むべきではないか。」
12 C そこで一隊《いったい》の兵士《へいし》と千人隊長《せんにんたいちょう》、およびユダヤ人《じん》の下役《したやく》たちは、イエスを捕《と》らえて縛《しば》り、
13 まず、アンナスのところへ連《つ》れて行《い》った。
彼《かれ》が、その年《とし》の大祭司《だいさいし》カイアファのしゅうとだったからである。
14 一人《ひとり》の人間《にんげん》が民《たみ》の代《か》わりに死《し》ぬ方《ほう》が好都合《こうつごう》だと、ユダヤ人《じん》たちに助言《じょげん》したのは、
このカイアファであった。
15 シモン・ペトロともう一人《ひとり》の弟子《でし》は、イエスに従《したが》った。
この弟子《でし》は大祭司《だいさいし》の知《し》り合《あ》いだったので、
イエスと一緒《いっしょ》に大祭司《だいさいし》の屋敷《やしき》の中庭《なかにわ》に入《はい》ったが、
16 ペトロは門《もん》の外《そと》に立《た》っていた。
大祭司《だいさいし》の知《し》り合《あ》いである、そのもう一人《ひとり》の弟子《でし》は、出《で》て来《き》て門番《もんばん》の女《おんな》に話《はな》し、
ペトロを中《なか》に入《い》れた。
17 門番《もんばん》の女中《じょちゅう》はペトロに言《い》った。
A 「あなたも、あの人《ひと》の弟子《でし》の一人《ひとり》ではありませんか。」←

C ペトロは言《い》った。
A 「違《ちが》う。」
18 C 僕《しもべ》や下役《したやく》たちは、寒《さむ》かったので炭火《すみび》をおこし、そこに立《た》って火《ひ》にあたっていた。
ペトロも彼《かれ》らと一緒《いっしょ》に立《た》って、火《ひ》にあたっていた。
19 大祭司《だいさいし》はイエスに弟子《でし》のことや教《おし》えについて尋《たず》ねた。
20 イエスは答《こた》えられた。
† 「わたしは、世《よ》に向《む》かって公然《こうぜん》と話《はな》した。
わたしはいつも、ユダヤ人《じん》が皆集《みなあつ》まる会堂《かいどう》や神殿《しんでん》の境内《けいだい》で教《おし》えた。
ひそかに話《はな》したことは何《なに》もない。
21 なぜ、わたしを尋問《じんもん》するのか。
わたしが何《なに》を話《はな》したかは、それを聞《き》いた人々《ひとびと》に尋《たず》ねるがよい。
その人々《ひとびと》がわたしの話《はな》したことを知《し》っている。」
22 C イエスがこう言《い》われると、そばにいた下役《したやく》の一人《ひとり》が、イエスを平手《ひらて》で打《う》って言《い》った。
A 「大祭司《だいさいし》に向《む》かって、そんな返事《へんじ》のしかたがあるか。」
23 C イエスは答《こた》えられた。

十 「何《なに》か悪《わる》いことをわたしが言《い》ったのなら、その悪《わる》いところを証明《しょうめい》しなさい。
正《ただ》しいことを言《い》ったのなら、なぜわたしを打《う》つのか。」

C 24 アンナスは、イエスを縛《しば》ったまま、大祭司《だいさいし》カイアファのもとに送《おく》った。
25 シモン・ペトロは立《た》って火《ひ》にあたっていた。人々《ひとびと》は言《い》った。

A 「お前《まえ》もあの男《おとこ》の弟子《でし》の一人《ひとり》ではないのか。」

C ペトロは打《う》ち消《け》して、言《い》った。

A 「違《ちが》う。」

C 26 大祭司《だいさいし》の僕《しもべ》の一人《ひとり》で、ペトロに片方《かたほう》の耳《みみ》を切《き》り落《お》とされた人《ひと》の身内《みうち》の者《もの》が言《い》った。

A 「園《その》であの男《おとこ》と一緒《いっしょ》にいるのを、わたしに見《み》られたではないか。」

C 27 ペトロは、再《ふたた》び打《う》ち消《け》した。するとすぐ、鶏《にわとり》が鳴《な》いた。
28 人々《ひとびと》は、イエスをカイアファのところから総督官邸《そうとくかんてい》に連《つ》れて行《い》った。
明《あ》け方《がた》であった。
しかし、彼《かれ》らは自分《じぶん》では官邸《かんてい》に入《はい》らなかった。
汚《けが》れないで過越《すぎこし》の食事《しょくじ》をするためである。
29 そこで、ピラトが彼《かれ》らのところへ出《で》て来《き》て、言《い》った。 ←

A「どういう罪《つみ》でこの男《おとこ》を訴《うった》えるのか。」

30 C 彼《かれ》らは答《こた》えて、言《い》った。

S「この男《おとこ》が悪《わる》いことをしていなかったら、あなたに引《ひ》き渡《わた》しはしなかったでしょう。」

31 C ピラトは言《い》った。

A「あなたたちが引《ひ》き取《と》って、自分《じぶん》たちの律法《りっぽう》に従《したが》って裁《さば》け。」

C ユダヤ人《じん》たちは言《い》った。

S「わたしたちには、人《ひと》を死刑《しけい》にする権限《けんげん》がありません。」

32 C それは、御自分《ごじぶん》がどのような死《し》を遂《と》げるかを示《しめ》そうとして、イエスの言《い》われた言葉《ことば》が実現《じつげん》するためであった。

33 そこで、ピラトはもう一度《ど》官邸《かんてい》に入《はい》り、イエスを呼《よ》び出《だ》して、言《い》った。

A「お前《まえ》がユダヤ人《じん》の王《おう》なのか。」

34 C イエスはお答《こた》えになった。

十「あなたは自分《じぶん》の考《かんが》えで、そう言《い》うのですか。それとも、ほかの者《もの》がわたしについて、あなたにそう言《い》ったのですか。」

35 C ピラトは言《い》い返《かえ》した。

A　「わたしはユダヤ人《じん》なのか。
お前《まえ》の同胞《どうほう》や祭司長《さいしちょう》たちが、お前《まえ》をわたしに引《ひ》き渡《わた》したのだ。
いったい何《なに》をしたのか。」
36 C　イエスはお答《こた》えになった。
†　「わたしの国《くに》は、この世《よ》には属《ぞく》していない。
もし、わたしの国《くに》がこの世《よ》に属《ぞく》していれば、
わたしがユダヤ人《じん》に引《ひ》き渡《わた》されないように、部下《ぶか》が戦《たたか》ったことだろう。
しかし、実際《じっさい》、わたしの国《くに》はこの世《よ》には属《ぞく》していない。」
37 C　そこでピラトが言《い》った。
A　「それでは、やはり王《おう》なのか。」
C　イエスはお答《こた》えになった。
†　「わたしが王《おう》だとは、あなたが言《い》っていることです。
わたしは真理《しんり》について証《あか》しをするために生《う》まれ、そのためにこの世《よ》に来《き》た。
真理《しんり》に属《ぞく》する人《ひと》は皆《みな》、わたしの声《こえ》を聞《き》く。」
38 C　ピラトは言《い》った。←

A 「真理《しんり》とは何《なに》か。」

C ピラトは、こう言《い》ってからもう一度《ど》、ユダヤ人《じん》たちの前《まえ》に出《で》て来《き》て言《い》った。

A 「わたしはあの男《おとこ》に何《なん》の罪《つみ》も見《み》いだせない。

39 ところで、過越祭《すぎこしさい》にはだれか一人《ひとり》をあなたたちに釈放《しゃくほう》するのが慣例《かんれい》になっている。

あのユダヤ人《じん》の王《おう》を釈放《しゃくほう》してほしいか。」

40 C すると、彼《かれ》らは大声《おおごえ》で言《い》い返《かえ》した。

S 「その男《おとこ》ではない。バラバを。」

C バラバは強盗《ごうとう》であった。

19・1 そこで、ピラトはイエスを捕《と》らえ、鞭《むち》で打《う》たせた。

2 兵士《へいし》たちは茨《いばら》で冠《かんむり》を編《あ》んでイエスの頭《あたま》に載《の》せ、紫《むらさき》の服《ふく》をまとわせ、

3 そばにやって来《き》ては、平手《ひらて》で打《う》って言《い》った。

A 「ユダヤ人《じん》の王《おう》、万歳《ばんざい》。」

4 C ピラトはまた出《で》て来《き》て、言《い》った。

A 「見《み》よ、あの男《おとこ》をあなたたちのところへ引《ひ》き出《だ》そう。

そうすれば、わたしが彼《かれ》に何《なん》の罪《つみ》も見《み》いだせないわけが分《わ》かるだろう。」

5 C イエスは茨《いばら》の冠《かんむり》をかぶり、紫《むらさき》の服《ふく》を着《つ》けて出《で》て来《こ》られた。
ピラトは言《い》った。
A 「見《み》よ、この男《おとこ》だ。」
6 C 祭司長《さいしちょう》たちや下役《したやく》たちは、イエスを見《み》ると叫《さけ》んだ。
S 「十字架《じゅうじか》につけろ。十字架《じゅうじか》につけろ。」
C ピラトは言《い》った。
A 「あなたたちが引《ひ》き取《と》って、十字架《じゅうじか》につけるがよい。
わたしはこの男《おとこ》に罪《つみ》を見《み》いだせない。」
7 C ユダヤ人《じん》たちは答《こた》えた。
S 「わたしたちには律法《りっぽう》があります。
律法《りっぽう》によれば、この男《おとこ》は死罪《しざい》に当《あ》たります。神《かみ》の子《こ》と自称《じしょう》したからです。」
8 C ピラトは、この言葉《ことば》を聞《き》いてますます恐《おそ》れ、
9 再《ふたた》び総督官邸《そうとくかんてい》の中《なか》に入《はい》って、イエスに言《い》った。
A 「お前《まえ》はどこから来《き》たのか。」
C しかし、イエスは答《こた》えようとされなかった。←

10 そこで、ピラトは言《い》った。
A 「わたしに答《こた》えないのか。
お前《まえ》を釈放《しゃくほう》する権限《けんげん》も、十字架《じゅうじか》につける権限《けんげん》も、
このわたしにあることを知《し》らないのか。」
11 C イエスは答《こた》えられた。
† 「神《かみ》から与《あた》えられていなければ、わたしに対《たい》して何《なん》の権限《けんげん》もないはずだ。
だから、わたしをあなたに引《ひ》き渡《わた》した者《もの》の罪《つみ》はもっと重《おも》い。」
12 C そこで、ピラトはイエスを釈放《しゃくほう》しようと努《つと》めた。
しかし、ユダヤ人《じん》たちは叫《さけ》んだ。
S 「もし、この男《おとこ》を釈放《しゃくほう》するなら、あなたは皇帝《こうてい》の友《とも》ではない。
王《おう》と自称《じしょう》する者《もの》は皆《みな》、皇帝《こうてい》に背《そむ》いています。」
13 C ピラトは、これらの言葉《ことば》を聞《き》くと、イエスを外《そと》に連《つ》れ出《だ》し、
ヘブライ語《ご》でガバタ、すなわち「敷石《しきいし》」という場所《ばしょ》で、裁判《さいばん》の席《せき》に着《つ》かせた。
14 それは過越祭《すぎこしさい》の準備《じゅんび》の日《ひ》の、正午《しょうご》ごろであった。
ピラトはユダヤ人《じん》たちに言《い》った。

A 「見《み》よ、あなたたちの王《おう》だ。」
15 C 彼《かれ》らは叫《さけ》んだ。
S 「殺《ころ》せ。殺《ころ》せ。十字架《じゅうじか》につけろ。」
C ピラトは言《い》った。
A 「あなたたちの王《おう》をわたしが十字架《じゅうじか》につけるのか。」
C 祭司長《さいしちょう》たちは答《こた》えた。
S 「わたしたちには、皇帝《こうてい》のほかに王《おう》はありません。」
16 C そこで、ピラトは、十字架《じゅうじか》につけるために、イエスを彼《かれ》らに引《ひ》き渡《わた》した。
こうして、彼《かれ》らはイエスを引《ひ》き取《と》った。
17 イエスは、自《みずか》ら十字架《じゅうじか》を背負《せお》い、
いわゆる「されこうべの場所《ばしょ》」、すなわちヘブライ語《ご》でゴルゴタという所《ところ》へ向《む》かわれた。
18 そこで、彼《かれ》らはイエスを十字架《じゅうじか》につけた。
また、イエスと一緒《いっしょ》にほかの二人《ふたり》をも、イエスを真《ま》ん中《なか》にして両側《りょうがわ》に、十字架《じゅうじか》につけた。
19 ピラトは罪状書《ざいじょうが》きを書《か》いて、十字架《じゅうじか》の上《うえ》に掛《か》けた。
それには、「ナザレのイエス、ユダヤ人《じん》の王《おう》」と書《か》いてあった。←

20 イエスが十字架《じゅうじか》につけられた場所《ばしょ》は都《みやこ》に近《ちか》かったので、
多《おお》くのユダヤ人《じん》がその罪状書《ざいじょうが》きを読《よ》んだ。
それは、ヘブライ語《ご》、ラテン語《ご》、ギリシア語《ご》で書《か》かれていた。
21 ユダヤ人《じん》の祭司長《さいしちょう》たちはピラトに言《い》った。
A 「『ユダヤ人《じん》の王《おう》』と書《か》かず、
『この男《おとこ》は「ユダヤ人《じん》の王《おう》」と自称《じしょう》した』と書《か》いてください。」
22 C しかし、ピラトは答《こた》えた。
A 「わたしが書《か》いたものは、書《か》いたままにしておけ。」
23 C 兵士《へいし》たちは、イエスを十字架《じゅうじか》につけてから、
その服《ふく》を取《と》り、四つに分《わ》け、各自《かくじ》に一つずつ渡《わた》るようにした。
下着《したぎ》も取《と》ってみたが、それには縫《ぬ》い目《め》がなく、上《うえ》から下《した》まで一枚織《まいお》りであった。
24 そこで、話《はな》し合《あ》った。
A 「これは裂《さ》かないで、だれのものになるか、くじ引《び》きで決《き》めよう。」
C それは、「彼《かれ》らはわたしの服《ふく》を分《わ》け合《あ》い、わたしの衣服《いふく》のことでくじを引《ひ》いた」
という聖書《せいしょ》の言葉《ことば》が実現《じつげん》するためであった。

兵士《へいし》たちはこのとおりにしたのである。
25 イエスの十字架《じゅうじか》のそばには、その母《はは》と母《はは》の姉妹《しまい》、
クロパの妻《つま》マリアとマグダラのマリアとが立《た》っていた。
26 イエスは、母《はは》とそのそばにいる愛《あい》する弟子《でし》とを見《み》て、母《はは》に言《い》われた。
† 「婦人《ふじん》よ、御覧《ごらん》なさい。あなたの子《こ》です。」
27 C それから弟子《でし》に言《い》われた。
† 「見《み》なさい。あなたの母《はは》です。」
C そのときから、この弟子《でし》はイエスの母《はは》を自分《じぶん》の家《いえ》に引《ひ》き取《と》った。
28 この後《のち》、イエスは、すべてのことが今《いま》や成《な》し遂《と》げられたのを知《し》り、言《い》われた。
† 「渇《かわ》く。」
C こうして、聖書《せいしょ》の言葉《ことば》が実現《じつげん》した。
29 そこには、酸《す》いぶどう酒《しゅ》を満《み》たした器《うつわ》が置《お》いてあった。
人々《ひとびと》は、このぶどう酒《しゅ》をいっぱい含《ふく》ませた海綿《かいめん》をヒソプに付《つ》け、
イエスの口《くち》もとに差《さ》し出《だ》した。
30 イエスは、このぶどう酒《しゅ》を受《う》けると、言《い》われた。←

十　「成《な》し遂《と》げられた。」

C　〔そして、〕頭《あたま》を垂《た》れて息《いき》を引《ひ》き取《と》られた。

（頭を下げて、しばらく沈黙のうちに祈る）

31 その日《ひ》は準備《じゅんび》の日《ひ》で、翌日《よくじつ》は特別《とくべつ》の安息日《あんそくび》であったので、
ユダヤ人《じん》たちは、安息日《あんそくび》に遺体《いたい》を十字架《じゅうじか》の上《うえ》に残《のこ》しておかないために、
足《あし》を折《お》って取《と》り降《お》ろすように、ピラトに願《ねが》い出《で》た。
32 そこで、兵士《へいし》たちが来《き》て、
イエスと一緒《いっしょ》に十字架《じゅうじか》につけられた最初《さいしょ》の男《おとこ》と、もう一人《ひとり》の男《おとこ》との足《あし》を折《お》った。
33 イエスのところに来《き》てみると、既《すで》に死《し》んでおられたので、その足《あし》は折《お》らなかった。
34 しかし、兵士《へいし》の一人《ひとり》が槍《やり》でイエスのわき腹《ばら》を刺《さ》した。
すると、すぐ血《ち》と水《みず》とが流《なが》れ出《で》た。
35 それを目撃《もくげき》した者《もの》が証《あか》ししており、その証《あか》しは真実《しんじつ》である。
その者《もの》は、あなたがたにも信《しん》じさせるために、自分《じぶん》が真実《しんじつ》を語《かた》っていることを知《し》っている。
36 これらのことが起《お》こったのは、

「その骨《ほね》は一つも砕《くだ》かれない」という聖書《せいしょ》の言葉《ことば》が実現《じつげん》するためであった。
37 また、聖書《せいしょ》の別《べつ》の所《ところ》に、
「彼《かれ》らは、自分《じぶん》たちの突《つ》き刺《さ》した者《もの》を見《み》る」とも書《か》いてある。
38 その後《のち》、イエスの弟子《でし》でありながら、
ユダヤ人《じん》たちを恐《おそ》れて、そのことを隠《かく》していたアリマタヤ出身《しゅっしん》のヨセフが、
イエスの遺体《いたい》を取《と》り降《お》ろしたいと、ピラトに願《ねが》い出《で》た。
ピラトが許《ゆる》したので、ヨセフは行《い》って遺体《いたい》を取《と》り降《お》ろした。
39 そこへ、かつてある夜《よ》、イエスのもとに来《き》たことのあるニコデモも、
没薬《もつやく》と沈香《じんこう》を混《ま》ぜた物《もの》を百リトラばかり持《も》って来《き》た。
40 彼《かれ》らはイエスの遺体《いたい》を受《う》け取《と》り、
ユダヤ人《じん》の埋葬《まいそう》の習慣《しゅうかん》に従《したが》い、香料《こうりょう》を添《そ》えて亜麻布《あまぬの》で包《つつ》んだ。
41 イエスが十字架《じゅうじか》につけられた所《ところ》には園《その》があり、
そこには、だれもまだ葬《ほうむ》られたことのない新《あたら》しい墓《はか》があった。
42 その日《ひ》はユダヤ人《じん》の準備《じゅんび》の日《ひ》であり、
この墓《はか》が近《ちか》かったので、そこにイエスを納《おさ》めた。

復活の主日　復活の聖なる徹夜祭

神はお造りになったすべてのものを御覧になった。それは極めて良かった

第一朗読（創世記1・1、26―31a　短い形）

創世記《そうせいき》

1 初《はじ》めに、神《かみ》は天地《てんち》を創造《そうぞう》された。
26 神《かみ》は言《い》われた。
「我々《われわれ》にかたどり、我々《われわれ》に似《に》せて、人《ひと》を造《つく》ろう。
そして海《うみ》の魚《うお》、空《そら》の鳥《とり》、家畜《かちく》、地《ち》の獣《けもの》、地《ち》を這《は》うものすべてを支配《しはい》させよう。」
27 神《かみ》は御自分《ごじぶん》にかたどって人《ひと》を創造《そうぞう》された。
神《かみ》にかたどって創造《そうぞう》された。
男《おとこ》と女《おんな》に創造《そうぞう》された。
28 神《かみ》は彼《かれ》らを祝福《しゅくふく》して言《い》われた。

「産《う》めよ、増《ふ》えよ、地《ち》に満《み》ちて地《ち》を従《したが》わせよ。
海《うみ》の魚《うお》、空《そら》の鳥《とり》、地《ち》の上《うえ》を這《は》う生《い》き物《もの》をすべて支配《しはい》せよ。」
29 神《かみ》は言《い》われた。
「見《み》よ、全地《ぜんち》に生《は》える、種《たね》を持《も》つ草《くさ》と種《たね》を持《も》つ実《み》をつける木《き》を、
すべてあなたたちに与《あた》えよう。
それがあなたたちの食《た》べ物《もの》となる。
30 地《ち》の獣《けもの》、空《そら》の鳥《とり》、地《ち》を這《は》うものなど、
すべて命《いのち》あるものにはあらゆる青草《あおくさ》を食《た》べさせよう。」
そのようになった。
31a 神《かみ》はお造《つく》りになったすべてのものを御覧《ごらん》になった。
見《み》よ、それは極《きわ》めて良《よ》かった。

または

第一朗読（創世記1・1〜2・2　長い形）

神はお造りになったすべてのものを御覧になった。それは極めて良かった

創世記《そうせいき》

1・1 初《はじ》めに、神《かみ》は天地《てんち》を創造《そうぞう》された。
2 地《ち》は混沌《こんとん》であって、闇《やみ》が深淵《しんえん》の面《おもて》にあり、神《かみ》の霊《れい》が水《みず》の面《おもて》を動《うご》いていた。
3 神《かみ》は言《い》われた。
「光《ひかり》あれ。」

こうして、光《ひかり》があった。
4 神《かみ》は光《ひかり》を見《み》て、良《よ》しとされた。
神《かみ》は光《ひかり》と闇《やみ》を分《わ》け、
5 光《ひかり》を昼《ひる》と呼《よ》び、闇《やみ》を夜《よる》と呼《よ》ばれた。
夕《ゆう》べがあり、朝《あさ》があった。第一《だいい》の日《ひ》である。

6 神《かみ》は言《い》われた。
「水《みず》の中《なか》に大空《おおぞら》あれ。水《みず》と水《みず》を分《わ》けよ。」
7 神《かみ》は大空《おおぞら》を造《つく》り、大空《おおぞら》の下《した》と大空《おおぞら》の上《うえ》に水《みず》を分《わ》けさせられた。
そのようになった。
8 神《かみ》は大空《おおぞら》を天《てん》と呼《よ》ばれた。
夕《ゆう》べがあり、朝《あさ》があった。第《だい》二の日《ひ》である。
9 神《かみ》は言《い》われた。
「天《てん》の下《した》の水《みず》は一つ所《ところ》に集《あつ》まれ。乾《かわ》いた所《ところ》が現《あらわ》れよ。」

そのようになった。
10 神《かみ》は乾《かわ》いた所《ところ》を地《ち》と呼《よ》び、水《みず》の集《あつ》まった所《ところ》を海《うみ》と呼《よ》ばれた。
神《かみ》はこれを見《み》て、良《よ》しとされた。
11 神《かみ》は言《い》われた。
「地《ち》は草《くさ》を芽生《めば》えさせよ。
種《たね》を持《も》つ草《くさ》と、それぞれの種《たね》を持《も》つ実《み》をつける果樹《かじゅ》を、地《ち》に芽生《めば》えさせよ。」
そのようになった。←

12 地《ち》は草《くさ》を芽生《めば》えさせ、
それぞれの種《たね》を持《も》つ草《くさ》と、それぞれの種《たね》を持《も》つ実《み》をつける木《き》を芽生《めば》えさせた。
神《かみ》はこれを見《み》て、良《よ》しとされた。
13 夕《ゆう》べがあり、朝《あさ》があった。第《だい》三の日《ひ》である。
14 神《かみ》は言《い》われた。
「天《てん》の大空《おおぞら》に光《ひか》る物《もの》があって、昼《ひる》と夜《よる》を分《わ》け、季節《きせつ》のしるし、日《ひ》や年《とし》のしるしとなれ。
15 天《てん》の大空《おおぞら》に光《ひか》る物《もの》があって、地《ち》を照《て》らせ。」
そのようになった。
16 神《かみ》は二つの大《おお》きな光《ひか》る物《もの》と星《ほし》を造《つく》り、
大《おお》きな方《ほう》に昼《ひる》を治《おさ》めさせ、小《ちい》さな方《ほう》に夜《よる》を治《おさ》めさせられた。
17 神《かみ》はそれらを天《てん》の大空《おおぞら》に置《お》いて、地《ち》を照《て》らさせ、
18 昼《ひる》と夜《よる》を治《おさ》めさせ、光《ひかり》と闇《やみ》を分《わ》けさせられた。
神《かみ》はこれを見《み》て、良《よ》しとされた。
19 夕《ゆう》べがあり、朝《あさ》があった。第《だい》四の日《ひ》である。
20 神《かみ》は言《い》われた。

「生《い》き物《もの》が水《みず》の中《なか》に群《むら》がれ。鳥《とり》は地《ち》の上《うえ》、天《てん》の大空《おおぞら》の面《おもて》を飛《と》べ。」
21 神《かみ》は水《みず》に群《むら》がるもの、すなわち大《おお》きな怪物《かいぶつ》、うごめく生《い》き物《もの》をそれぞれに、
また、翼《つばさ》ある鳥《とり》をそれぞれに創造《そうぞう》された。
神《かみ》はこれを見《み》て、良《よ》しとされた。
22 神《かみ》はそれらのものを祝福《しゅくふく》して言《い》われた。
「産《う》めよ、増《ふ》えよ、海《うみ》の水《みず》に満《み》ちよ。鳥《とり》は地《ち》の上《うえ》に増《ふ》えよ。」
23 夕《ゆう》べがあり、朝《あさ》があった。第《だい》五の日《ひ》である。
24 神《かみ》は言《い》われた。
「地《ち》は、それぞれの生《い》き物《もの》を産《う》み出《だ》せ。
家畜《かちく》、這《は》うもの、地《ち》の獣《けもの》をそれぞれに産《う》み出《だ》せ。」
そのようになった。
25 神《かみ》はそれぞれの地《ち》の獣《けもの》、それぞれの家畜《かちく》、それぞれの土《つち》を這《は》うものを造《つく》られた。
神《かみ》はこれを見《み》て、良《よ》しとされた。
26 神《かみ》は言《い》われた。
「我々《われわれ》にかたどり、我々《われわれ》に似《に》せて、人《ひと》を造《つく》ろう。←

そして海《うみ》の魚《うお》、空《そら》の鳥《とり》、家畜《かちく》、地《ち》の獣《けもの》、地《ち》を這《は》うものすべてを支配《しはい》させよう。」
27 神《かみ》は御自分《ごじぶん》にかたどって人《ひと》を創造《そうぞう》された。
神《かみ》にかたどって創造《そうぞう》された。
男《おとこ》と女《おんな》に創造《そうぞう》された。
28 神《かみ》は彼《かれ》らを祝福《しゅくふく》して言《い》われた。
「産《う》めよ、増《ふ》えよ、地《ち》に満《み》ちて地《ち》を従《したが》わせよ。
海《うみ》の魚《うお》、空《そら》の鳥《とり》、地《ち》の上《うえ》を這《は》う生《い》き物《もの》をすべて支配《しはい》せよ。」
29 神《かみ》は言《い》われた。
「見《み》よ、全地《ぜんち》に生《は》える、種《たね》を持《も》つ草《くさ》と種《たね》を持《も》つ実《み》をつける木《き》を、
すべてあなたたちに与《あた》えよう。
それがあなたたちの食《た》べ物《もの》となる。
30 地《ち》の獣《けもの》、空《そら》の鳥《とり》、地《ち》を這《は》うものなど、
すべて命《いのち》あるものにはあらゆる青草《あおくさ》を食《た》べさせよう。」
そのようになった。
31 神《かみ》はお造《つく》りになったすべてのものを御覧《ごらん》になった。

見《み》よ、それは極《きわ》めて良《よ》かった。
夕《ゆう》べがあり、朝《あさ》があった。第《だい》六の日《ひ》である。
2・1 天地万物《てんちばんぶつ》は完成《かんせい》された。
2 第《だい》七の日《ひ》に、神《かみ》は御自分《ごじぶん》の仕事《しごと》を完成《かんせい》され、
第《だい》七の日《ひ》に、神《かみ》は御自分《ごじぶん》の仕事《しごと》を離《はな》れ、安息《あんそく》なさった。

第二朗読（創世記22・1―2、9a、10―13、15―18 短い形）

創世記《そうせいき》

その日《ひ》、
1 神《かみ》はアブラハムを試《ため》された。
神《かみ》が、「アブラハムよ」と呼《よ》びかけ、彼《かれ》が、「はい」と答《こた》えると、
2 神《かみ》は命《めい》じられた。
「あなたの息子《むすこ》、あなたの愛《あい》する独《ひと》り子《ご》イサクを連《つ》れて、モリヤの地《ち》に行《い》きなさい。
わたしが命《めい》じる山《やま》の一つに登《のぼ》り、
彼《かれ》を焼《や》き尽《つ》くす献《ささ》げ物《もの》としてささげなさい。」
9a 神《かみ》が命《めい》じられた場所《ばしょ》に着《つ》くと、アブラハムはそこに祭壇《さいだん》を築《きず》き、薪《たきぎ》を並《なら》べ、
10 手《て》を伸《の》ばして刃物《はもの》を取《と》り、息子《むすこ》を屠《ほふ》ろうとした。
11 そのとき、天《てん》から主《しゅ》の御使《みつか》いが、「アブラハム、アブラハム」と呼《よ》びかけた。
彼《かれ》が、「はい」と答《こた》えると、
12 御使《みつか》いは言《い》った。

「その子《こ》に手《て》を下《くだ》すな。何《なに》もしてはならない。
あなたが神《かみ》を畏《おそ》れる者《もの》であることが、今《いま》、分《わ》かったからだ。
あなたは、自分《じぶん》の独《ひと》り子《ご》である息子《むすこ》すら、わたしにささげることを惜《お》しまなかった。」
13 アブラハムは目《め》を凝《こ》らして見回《みまわ》した。
すると、後《うし》ろの木《き》の茂《しげ》みに一匹《ぴき》の雄羊《おひつじ》が角《つの》をとられていた。
アブラハムは行《い》ってその雄羊《おひつじ》を捕《つか》まえ、
息子《むすこ》の代《か》わりに焼《や》き尽《つ》くす献《ささ》げ物《もの》としてささげた。
15 主《しゅ》の御使《みつか》いは、再《ふたた》び天《てん》からアブラハムに呼《よ》びかけた。
16 御使《みつか》いは言《い》った。
「わたしは自《みずか》らにかけて誓《ちか》う、と主《しゅ》は言《い》われる。
あなたがこの事《こと》を行《おこな》い、自分《じぶん》の独《ひと》り子《ご》である息子《むすこ》すら惜《お》しまなかったので、
17 あなたを豊《ゆた》かに祝福《しゅくふく》し、あなたの子孫《しそん》を天《てん》の星《ほし》のように、海辺《うみべ》の砂《すな》のように増《ふ》やそう。
あなたの子孫《しそん》は敵《てき》の城門《じょうもん》を勝《か》ち取《と》る。
18 地上《ちじょう》の諸国民《しょこくみん》はすべて、あなたの子孫《しそん》によって祝福《しゅくふく》を得《え》る。
あなたがわたしの声《こえ》に聞《き》き従《したが》ったからである。」

または

第二朗読（創世記22・1―18 長い形）

先祖アブラハムの献げ物

創世記《そうせいき》

その日《ひ》、
1 神《かみ》はアブラハムを試《ため》された。
神《かみ》が、「アブラハムよ」と呼《よ》びかけ、彼《かれ》が、「はい」と答《こた》えると、
神《かみ》は命《めい》じられた。
2 「あなたの息子《むすこ》、あなたの愛《あい》する独《ひと》り子《ご》イサクを連《つ》れて、モリヤの地《ち》に行《い》きなさい。
わたしが命《めい》じる山《やま》の一つに登《のぼ》り、
彼《かれ》を焼《や》き尽《つ》くす献《ささ》げ物《もの》としてささげなさい。」
3 次《つぎ》の朝早《あさはや》く、アブラハムはろばに鞍《くら》を置《お》き、献《ささ》げ物《もの》に用《もち》いる薪《たきぎ》を割《わ》り、
二人《ふたり》の若者《わかもの》と息子《むすこ》イサクを連《つ》れ、神《かみ》の命《めい》じられた所《ところ》に向《む》かって行《い》った。
4 三日目《みっかめ》になって、アブラハムが目《め》を凝《こ》らすと、遠《とお》くにその場所《ばしょ》が見《み》えたので、

5 アブラハムは若者《わかもの》に言《い》った。
「お前《まえ》たちは、ろばと一緒《いっしょ》にここで待《ま》っていなさい。

わたしと息子《むすこ》はあそこへ行《い》って、礼拝《れいはい》をして、また戻《もど》ってくる。」
6 アブラハムは、焼《や》き尽《つ》くす献《ささ》げ物《もの》に用《もち》いる薪《たきぎ》を取《と》って、息子《むすこ》イサクに背負《せお》わせ、
自分《じぶん》は火《ひ》と刃物《はもの》を手《て》に持《も》った。二人《ふたり》は一緒《いっしょ》に歩《ある》いて行《い》った。
7 イサクは父《ちち》アブラハムに、「わたしのお父《とう》さん」と呼《よ》びかけた。
彼《かれ》が、「ここにいる。わたしの子《こ》よ」と答《こた》えると、イサクは言《い》った。

「火《ひ》と薪《たきぎ》はここにありますが、焼《や》き尽《つ》くす献《ささ》げ物《もの》にする小羊《こひつじ》はどこにいるのですか。」
8 アブラハムは答《こた》えた。
「わたしの子《こ》よ、焼《や》き尽《つ》くす献《ささ》げ物《もの》の小羊《こひつじ》はきっと神《かみ》が備《そな》えてくださる。」

二人《ふたり》は一緒《いっしょ》に歩《ある》いて行《い》った。
9 神《かみ》が命《めい》じられた場所《ばしょ》に着《つ》くと、アブラハムはそこに祭壇《さいだん》を築《きず》き、薪《たきぎ》を並《なら》べ、
息子《むすこ》イサクを縛《しば》って祭壇《さいだん》の薪《たきぎ》の上《うえ》に載《の》せた。
10 そしてアブラハムは、手《て》を伸《の》ばして刃物《はもの》を取《と》り、息子《むすこ》を屠《ほふ》ろうとした。
11 そのとき、天《てん》から主《しゅ》の御使《みつか》いが、「アブラハム、アブラハム」と呼《よ》びかけた。←

彼《かれ》が、「はい」と答《こた》えると、
12 御使《みつか》いは言《い》った。
「その子《こ》に手《て》を下《くだ》すな。何《なに》もしてはならない。
あなたが神《かみ》を畏《おそ》れる者《もの》であることが、今《いま》、分《わ》かったからだ。
あなたは、自分《じぶん》の独《ひと》り子《ご》である息子《むすこ》すら、わたしにささげることを惜《お》しまなかった。」
13 アブラハムは目《め》を凝《こ》らして見回《みまわ》した。
すると、後《うし》ろの木《き》の茂《しげ》みに一匹《ぴき》の雄羊《おひつじ》が角《つの》をとられていた。
アブラハムは行《い》ってその雄羊《おひつじ》を捕《つか》まえ、
息子《むすこ》の代《か》わりに焼《や》き尽《つ》くす献《ささ》げ物《もの》としてささげた。
14 アブラハムはその場所《ばしょ》を〈主《しゅ》は、備《そな》えてくださる（イルエ）〉と名付《なづ》けた。
そこで、人々《ひとびと》は今日《こんにち》でも「主《しゅ》の山《やま》に、備《そな》えあり（イエラエ）」と言《い》っている。
15 主《しゅ》の御使《みつか》いは、再《ふたた》び天《てん》からアブラハムに呼《よ》びかけた。
16 御使《みつか》いは言《い》った。
「わたしは自《みずか》らにかけて誓《ちか》う、と主《しゅ》は言《い》われる。
あなたがこの事《こと》を行《おこな》い、自分《じぶん》の独《ひと》り子《ご》である息子《むすこ》すら惜《お》しまなかったので、

17 あなたを豊《ゆた》かに祝福《しゅくふく》し、あなたの子孫《しそん》を天《てん》の星《ほし》のように、海辺《うみべ》の砂《すな》のように増《ふ》やそう。
あなたの子孫《しそん》は敵《てき》の城門《じょうもん》を勝《か》ち取《と》る。
18 地上《ちじょう》の諸国民《しょこくみん》はすべて、あなたの子孫《しそん》によって祝福《しゅくふく》を得《え》る。
あなたがわたしの声《こえ》に聞《き》き従《したが》ったからである。」

第三朗読（出エジプト14・15～15・1a）

イスラエルの人々は海の中の乾いた所を進んで行った

出《しゅつ》エジプト記《き》

その日《ひ》、追《お》い迫《せま》るエジプト軍《ぐん》を見《み》て、イスラエルの人々《ひとびと》が非常《ひじょう》に恐《おそ》れたとき、
14・15 主《しゅ》はモーセに言《い》われた。
「なぜ、わたしに向《む》かって叫《さけ》ぶのか。
イスラエルの人々《ひとびと》に命《めい》じて出発《しゅっぱつ》させなさい。
16 杖《つえ》を高《たか》く上《あ》げ、手《て》を海《うみ》に向《む》かって差《さ》し伸《の》べて、海《うみ》を二つに分《わ》けなさい。
そうすれば、イスラエルの民《たみ》は海《うみ》の中《なか》の乾《かわ》いた所《ところ》を通《とお》ることができる。
17 しかし、わたしはエジプト人《じん》の心《こころ》をかたくなにするから、
彼《かれ》らはお前《まえ》たちの後《あと》を追《お》って来《く》る。
そのとき、わたしはファラオとその全軍《ぜんぐん》、戦車《せんしゃ》と騎兵《きへい》を破《やぶ》って栄光《えいこう》を現《あらわ》す。
18 わたしがファラオとその戦車《せんしゃ》、騎兵《きへい》を破《やぶ》って栄光《えいこう》を現《あらわ》すとき、
エジプト人《じん》は、わたしが主《しゅ》であることを知《し》るようになる。」
19 イスラエルの部隊《ぶたい》に先立《さきだ》って進《すす》んでいた神《かみ》の御使《みつか》いは、移動《いどう》して彼《かれ》らの後《うし》ろを行《い》き、

20 彼《かれ》らの前《まえ》にあった雲《くも》の柱《はしら》も移動《いどう》して後《うし》ろに立《た》ち、
エジプトの陣《じん》とイスラエルの陣《じん》との間《あいだ》に入《はい》った。
真《ま》っ黒《くろ》な雲《くも》が立《た》ちこめ、光《ひかり》が闇夜《やみよ》を貫《つらぬ》いた。
両軍《りょうぐん》は、一晩中《ひとばんじゅう》、互《たが》いに近《ちか》づくことはなかった。
21 モーセが手《て》を海《うみ》に向《む》かって差《さ》し伸《の》べると、
主《しゅ》は夜《よ》もすがら激《はげ》しい東風《ひがしかぜ》をもって海《うみ》を押《お》し返《かえ》されたので、
海《うみ》は乾《かわ》いた地《ち》に変《か》わり、水《みず》は分《わ》かれた。
22 イスラエルの人々《ひとびと》は海《うみ》の中《なか》の乾《かわ》いた所《ところ》を進《すす》んで行《い》き、
水《みず》は彼《かれ》らの右《みぎ》と左《ひだり》に壁《かべ》のようになった。
23 エジプト軍《ぐん》は彼《かれ》らを追《お》い、
ファラオの馬《うま》、戦車《せんしゃ》、騎兵《きへい》がことごとく彼《かれ》らに従《したが》って海《うみ》の中《なか》に入《はい》って来《き》た。
24 朝《あさ》の見張《みは》りのころ、主《しゅ》は火《ひ》と雲《くも》の柱《はしら》からエジプト軍《ぐん》を見下《みお》ろし、
エジプト軍《ぐん》をかき乱《みだ》された。
25 戦車《せんしゃ》の車輪《しゃりん》をはずし、進《すす》みにくくされた。エジプト人《じん》は言《い》った。
「イスラエルの前《まえ》から退却《たいきゃく》しよう。主《しゅ》が彼《かれ》らのためにエジプトと戦《たたか》っておられる。」←

26
主《しゅ》はモーセに言《い》われた。
「海《うみ》に向《む》かって手《て》を差《さ》し伸《の》べなさい。
水《みず》がエジプト軍《ぐん》の上《うえ》に、戦車《せんしゃ》、騎兵《きへい》の上《うえ》に流《なが》れ返《かえ》るであろう。」
27
モーセが手《て》を海《うみ》に向《む》かって差《さ》し伸《の》べると、夜《よ》が明《あ》ける前《まえ》に海《うみ》は元《もと》の場所《ばしょ》へ流《なが》れ返《かえ》った。
エジプト軍《ぐん》は水《みず》の流《なが》れに逆《さか》らって逃《に》げたが、主《しゅ》は彼《かれ》らを海《うみ》の中《なか》に投《な》げ込《こ》まれた。
28
水《みず》は元《もと》に戻《もど》り、戦車《せんしゃ》と騎兵《きへい》、彼《かれ》らの後《あと》を追《お》って海《うみ》に入《はい》ったファラオの全軍《ぜんぐん》を覆《おお》い、
一人《ひとり》も残《のこ》らなかった。
29
イスラエルの人々《ひとびと》は海《うみ》の中《なか》の乾《かわ》いた所《ところ》を進《すす》んだが、
そのとき、水《みず》は彼《かれ》らの右《みぎ》と左《ひだり》に壁《かべ》となった。
30
主《しゅ》はこうして、その日《ひ》、イスラエルをエジプト人《じん》の手《て》から救《すく》われた。
イスラエルはエジプト人《じん》が海辺《うみべ》で死《し》んでいるのを見《み》た。
31
イスラエルは、主《しゅ》がエジプト人《じん》に行《おこな》われた大《おお》いなる御業《みわざ》を見《み》た。
民《たみ》は主《しゅ》を畏《おそ》れ、主《しゅ》とその僕《しもべ》モーセを信《しん》じた。
15・1a
モーセとイスラエルの民《たみ》は主《しゅ》を賛美《さんび》して歌《うた》をうたった。

第四朗読（イザヤ54・5―14）

イザヤの預言《よげん》

エルサレムよ
5 あなたの造《つく》り主《ぬし》があなたの夫《おっと》となられる。
その御名《みな》は万軍《ばんぐん》の主《しゅ》。
あなたを贖《あがな》う方《かた》、イスラエルの聖《せい》なる神《かみ》
全地《ぜんち》の神《かみ》と呼《よ》ばれる方《かた》。
6 捨《す》てられて、苦悩《くのう》する妻《つま》を呼《よ》ぶように
主《しゅ》はあなたを呼《よ》ばれる。
若《わか》いときの妻《つま》を見放《みはな》せようかと
あなたの神《かみ》は言《い》われる。
7 わずかの間《あいだ》、わたしはあなたを捨《す》てたが
深《ふか》い憐《あわ》れみをもってわたしはあなたを引《ひ》き寄《よ》せる。
←

あなたを贖う主は、とこしえの
慈しみをもってあなたを憐れむ

8 ひととき、激《はげ》しく怒《いか》って顔《かお》をあなたから隠《かく》したが
とこしえの慈《いつく》しみをもってあなたを憐《あわ》れむと
　あなたを贖《あがな》う主《しゅ》は言《い》われる。
9 これは、わたしにとってノアの洪水《こうずい》に等《ひと》しい。
再《ふたた》び地上《ちじょう》にノアの洪水《こうずい》を起《お》こすことはないと、あのとき誓《ちか》い
今《いま》またわたしは誓《ちか》う
再《ふたた》びあなたを怒《いか》り、責《せ》めることはない、と。
10 山《やま》が移《うつ》り、丘《おか》が揺《ゆ》らぐこともあろう。
しかし、わたしの慈《いつく》しみはあなたから移《うつ》らず
わたしの結《むす》ぶ平和《へいわ》の契約《けいやく》が揺《ゆ》らぐことはないと
　あなたを憐《あわ》れむ主《しゅ》は言《い》われる。
11 苦《くる》しめられ、嵐《あらし》にもてあそばれ
慰《なぐさ》める者《もの》もない都《みやこ》よ
見《み》よ、わたしはアンチモンを使《つか》って

あなたの石《いし》を積《つ》む。
サファイアであなたの基《もとい》を固《かた》め
12 赤《あか》めのうであなたの塔《とう》を
エメラルドであなたの門《もん》を飾《かざ》り
地境《じざかい》に沿《そ》って美《うつく》しい石《いし》を連《つら》ねる。
13 あなたの子《こ》らは皆《みな》、主《しゅ》について教《おし》えを受《う》け
あなたの子《こ》らには平和《へいわ》が豊《ゆた》かにある。
14 あなたは恵《めぐ》みの業《わざ》によって堅《かた》く立《た》てられる。
虐《しいた》げる者《もの》から遠《とお》く離《はな》れよ
もはや恐《おそ》れることはない。
破壊《はかい》する者《もの》から遠《とお》く離《はな》れよ
もはやそれがあなたに近《ちか》づくことはない。

第五朗読（イザヤ55・1―11）

わたしのもとに来るがよい。魂に命を得よ。
わたしはあなたたちととこしえの契約を結ぶ

イザヤの預言《よげん》

主《しゅ》は言《い》われる。
1 渇《かわ》きを覚《おぼ》えている者《もの》は皆《みな》、水《みず》のところに来《く》るがよい。
銀《ぎん》を持《も》たない者《もの》も来《く》るがよい。
穀物《こくもつ》を求《もと》めて、食《た》べよ。
来《き》て、銀《ぎん》を払《はら》うことなく穀物《こくもつ》を求《もと》め
価《あたい》を払《はら》うことなく、ぶどう酒《しゅ》と乳《ちち》を得《え》よ。
2 なぜ、糧《かて》にならぬもののために銀《ぎん》を量《はか》って払《はら》い
飢《う》えを満《み》たさぬもののために労《ろう》するのか。
わたしに聞《き》き従《したが》えば
良《よ》いものを食《た》べることができる。
あなたたちの魂《たましい》はその豊《ゆた》かさを楽《たの》しむであろう。

3 耳《みみ》を傾《かたむ》けて聞《き》き、わたしのもとに来《く》るがよい。
聞《き》き従《したが》って、魂《たましい》に命《いのち》を得《え》よ。
わたしはあなたたちとこしえの契約《けいやく》を結《むす》ぶ。
ダビデに約束《やくそく》した真実《しんじつ》の慈《いつく》しみのゆえに。
4 見《み》よ
かつてわたしは彼《かれ》を立《た》てて諸国民《しょこくみん》への証人《しょうにん》とし
諸国民《しょこくみん》の指導者《しどうしゃ》、統治者《とうちしゃ》とした。
5 今《いま》、あなたは知《し》らなかった国《くに》に呼《よ》びかける。
あなたを知《し》らなかった国《くに》は
あなたのもとに馳《は》せ参《さん》じるであろう。
あなたの神《かみ》である主《しゅ》
あなたに輝《かがや》きを与《あた》えられる
　イスラエルの聖《せい》なる神《かみ》のゆえに。
6 主《しゅ》を尋《たず》ね求《もと》めよ、見《み》いだしうるときに。←

7
呼《よ》び求《もと》めよ、近《ちか》くにいますうちに。
神《かみ》に逆《さか》らう者《もの》はその道《みち》を離《はな》れ
悪《あく》を行《おこな》う者《もの》はそのたくらみを捨《す》てよ。
主《しゅ》に立《た》ち帰《かえ》るならば、主《しゅ》は憐《あわ》れんでくださる。
わたしたちの神《かみ》に立《た》ち帰《かえ》るならば
　豊《ゆた》かに赦《ゆる》してくださる。

8
わたしの思《おも》いは、あなたたちの思《おも》いと異《こと》なり
わたしの道《みち》はあなたたちの道《みち》と異《こと》なると
　主《しゅ》は言《い》われる。

9
天《てん》が地《ち》を高《たか》く超《こ》えているように
わたしの道《みち》は、あなたたちの道《みち》を
わたしの思《おも》いは
　あなたたちの思《おも》いを、高《たか》く超《こ》えている。

10
雨《あめ》も雪《ゆき》も、ひとたび天《てん》から降《ふ》れば

むなしく天《てん》に戻《もど》ることはない。
それは大地《だいち》を潤《うるお》し、芽《め》を出《だ》させ、生《お》い茂《しげ》らせ
種《たね》蒔《ま》く人《ひと》には種《たね》を与《あた》え
食《た》べる人《ひと》には糧《かて》を与《あた》える。
11 そのように、わたしの口《くち》から出《で》るわたしの言葉《ことば》も
むなしくは、わたしのもとに戻《もど》らない。
それはわたしの望《のぞ》むことを成《な》し遂《と》げ
わたしが与《あた》えた使命《しめい》を必《かなら》ず果《は》たす。

第六朗読（バルク3・9―15、32～4・4）

バルクの預言《よげん》

3・9 聞《き》け、イスラエルよ、命《いのち》をもたらす戒《いまし》めを。
耳《みみ》を傾《かたむ》けて、悟《さと》りを得《え》よ。
10 イスラエルよ、なぜなのか。
なぜお前《まえ》は敵《てき》の地《ち》におり、
異国《いこく》の地《ち》で年《とし》を重《かさ》ね、
11 死者《ししゃ》と汚《けが》れを共《とも》にし、
陰府《よみ》に下《くだ》る者《もの》の中《なか》に数《かぞ》えられたのか。
12 お前《まえ》は知恵《ちえ》の泉《いずみ》を見捨《みす》てた。
13 神《かみ》の定《さだ》めた道《みち》を歩《あゆ》んでいたなら、
永遠《えいえん》に平和《へいわ》のうちに暮《く》らしていたであろう。
14 学《まな》べ、どこに悟《さと》りがあるかを。
またどこに力《ちから》があり、どこに知識《ちしき》があるかを。

そして知《し》れ、どこに長寿《ちょうじゅ》と命《いのち》があり、
どこに目《め》の輝《かがや》きと平和《へいわ》があるかを。

15 いったいだれが知恵《ちえ》の在《あ》りかを見《み》いだしただろうか。
だれがその宝庫《ほうこ》に入《はい》っただろうか。

32 すべてを知《し》る方《かた》だけが知恵《ちえ》を知《し》り、
御自分《ごじぶん》の力《ちから》でそれを悟《さと》り、見《み》いだされたのだ。
その方《かた》はあらゆる時代《じだい》に備《そな》えて全地《ぜんち》を整《ととの》え、
それを四足《しそく》の獣《けもの》で満《み》たした。
33 その方《かた》が光《ひかり》を放《はな》つと、光《ひかり》は走《はし》り、
ひと声命《こえめい》ずると、光《ひかり》はおののいて従《したが》う。
34 星《ほし》はおのおの持《も》ち場《ば》で喜《よろこ》びにあふれて輝《かがや》き、
35 その方《かた》が命《めい》ずると、「ここにいます」と答《こた》え、
喜々《きき》として、自分《じぶん》の造《つく》り主《ぬし》のために光《ひかり》を放《はな》つ。
←

36 この方《かた》こそわたしたちの神《かみ》であり、
他《た》に比《くら》ぶべきものはない。
37 この方《かた》は知識《ちしき》の道《みち》をすべて見《み》いだし、
それを僕《しもべ》ヤコブと愛《あい》するイスラエルに与《あた》えた。
38 その後《のち》、知恵《ちえ》は地上《ちじょう》に現《あらわ》れ、人々《ひとびと》の中《なか》に住《す》んだ。
4・1 知恵《ちえ》は神《かみ》の命令《めいれい》の書《しょ》、永遠《えいえん》に続《つづ》く律法《りっぽう》である。
これを保《たも》つ者《もの》は皆《みな》生《い》き、これを捨《す》てる者《もの》は死《し》ぬ。
2 ヤコブよ、立《た》ち帰《かえ》ってこれをつかみ、
知恵《ちえ》の光《ひかり》に目《め》を注《そそ》ぎ、その輝《かがや》きに向《む》かって歩《あゆ》め。
3 あなたの栄光《えいこう》をほかの者《もの》に、
あなたの特権《とっけん》を異国《いこく》の民《たみ》に渡《わた》してはならない。
4 イスラエルよ、わたしたちは幸《さいわ》いだ。
神《かみ》の御心《みこころ》に適《かな》うことを知《し》っているのだから。

第七朗読（エゼキエル36・16―17a、18―28）

わたしは清い水をお前たちの上に振りかけ、新しい心を与える

エゼキエルの預言《よげん》

16 主《しゅ》の言葉《ことば》がわたしに臨《のぞ》んだ。
17a 「人《ひと》の子《こ》よ、イスラエルの家《いえ》は自分《じぶん》の土地《とち》に住《す》んでいたとき、
それを自分《じぶん》の歩《あゆ》みと行《おこな》いによって汚《けが》した。
18 それゆえ、わたしは憤《いきどお》りを彼《かれ》らの上《うえ》に注《そそ》いだ。
彼《かれ》らが地《ち》の上《うえ》に血《ち》を流《なが》し、偶像《ぐうぞう》によってそれを汚《けが》したからである。
19 わたしは彼《かれ》らを国々《くにぐに》の中《なか》に散《ち》らし、諸国《しょこく》に追《お》いやり、
その歩《あゆ》みと行《おこな》いに応《おう》じて裁《さば》いた。
20 彼《かれ》らはその行《い》く先《さき》の国々《くにぐに》に行《い》って、わが聖《せい》なる名《な》を汚《けが》した。
事実《じじつ》、人々《ひとびと》は彼《かれ》らについて、
『これは主《しゅ》の民《たみ》だ、彼《かれ》らは自分《じぶん》の土地《とち》から追《お》われて来《き》たのだ』と言《い》った。
21 そこでわたしは、
イスラエルの家《いえ》がその行《い》った先《さき》の国々《くにぐに》で汚《けが》したわが聖《せい》なる名《な》を惜《お》しんだ。 ←

22 それゆえ、イスラエルの家《いえ》に言《い》いなさい。
主《しゅ》なる神《かみ》はこう言《い》われる。
イスラエルの家《いえ》よ、わたしはお前《まえ》たちのためではなく、
お前《まえ》たちが行《い》った先《さき》の国々《くにぐに》で汚《けが》したわが聖《せい》なる名《な》のために行《おこな》う。
23 わたしは、お前《まえ》たちが国々《くにぐに》で汚《けが》したため、
彼《かれ》らの間《あいだ》で汚《けが》されたわが大《おお》いなる名《な》を聖《せい》なるものとする。
わたしが彼《かれ》らの目《め》の前《まえ》で、お前《まえ》たちを通《とお》して聖《せい》なるものとされるとき、
諸国民《しょこくみん》は、わたしが主《しゅ》であることを知《し》るようになる、と主《しゅ》なる神《かみ》は言《い》われる。
24 わたしはお前《まえ》たちを国々《くにぐに》の間《あいだ》から取《と》り、すべての地《ち》から集《あつ》め、
お前《まえ》たちの土地《とち》に導《みちび》き入《い》れる。
25 わたしが清《きよ》い水《みず》をお前《まえ》たちの上《うえ》に振《ふ》りかけるとき、お前《まえ》たちは清《きよ》められる。
わたしはお前《まえ》たちを、すべての汚《けが》れとすべての偶像《ぐうぞう》から清《きよ》める。
26 わたしはお前《まえ》たちに新《あたら》しい心《こころ》を与《あた》え、お前《まえ》たちの中《なか》に新《あたら》しい霊《れい》を置《お》く。
わたしはお前《まえ》たちの体《からだ》から石《いし》の心《こころ》を取《と》り除《のぞ》き、肉《にく》の心《こころ》を与《あた》える。
27 また、わたしの霊《れい》をお前《まえ》たちの中《なか》に置《お》き、わたしの掟《おきて》に従《したが》って歩《あゆ》ませ、

28
わたしの裁《さば》きを守《まも》り行《おこな》わせる。
お前《まえ》たちは、わたしが先祖《せんぞ》に与《あた》えた地《ち》に住《す》むようになる。
お前《まえ》たちはわたしの民《たみ》となりわたしはお前《まえ》たちの神《かみ》となる。」

使徒書の朗読（ローマ6・3―11）

使徒《しと》パウロのローマの教会《きょうかい》への手紙《てがみ》

皆《みな》さん、
3 あなたがたは知《し》らないのですか。
キリスト・イエスに結《むす》ばれるために洗礼《せんれい》を受《う》けたわたしたちが皆《みな》、
またその死《し》にあずかるために洗礼《せんれい》を受《う》けたことを。
4 わたしたちは洗礼《せんれい》によってキリストと共《とも》に葬《ほうむ》られ、
その死《し》にあずかるものとなりました。
それは、キリストが御父《おんちち》の栄光《えいこう》によって死者《ししゃ》の中《なか》から復活《ふっかつ》させられたように、
わたしたちも新《あたら》しい命《いのち》に生《い》きるためなのです。
5 もし、わたしたちがキリストと一体《いったい》になってその死《し》の姿《すがた》にあやかるならば、
その復活《ふっかつ》の姿《すがた》にもあやかれるでしょう。
6 わたしたちの古《ふる》い自分《じぶん》がキリストと共《とも》に十字架《じゅうじか》につけられたのは、

死者の中から復活させられたキリストはもはや死ぬことがない

罪《つみ》に支配《しはい》された体《からだ》が滅《ほろ》ぼされ、もはや罪《つみ》の奴隷《どれい》にならないためであると知《し》っています。
7 死《し》んだ者《もの》は、罪《つみ》から解放《かいほう》されています。
8 わたしたちは、キリストと共《とも》に死《し》んだのなら、
キリストと共《とも》に生《い》きることにもなると信《しん》じます。
9 そして、死者《ししゃ》の中《なか》から復活《ふっかつ》させられたキリストはもはや死《し》ぬことがない、と知《し》っています。
死《し》は、もはやキリストを支配《しはい》しません。
10 キリストが死《し》なれたのは、ただ一度《ど》罪《つみ》に対《たい》して死《し》なれたのであり、
生《い》きておられるのは、神《かみ》に対《たい》して生《い》きておられるのです。
11 このように、あなたがたも自分《じぶん》は罪《つみ》に対《たい》して死《し》んでいるが、
キリスト・イエスに結《むす》ばれて、神《かみ》に対《たい》して生《い》きているのだと考《かんが》えなさい。

福音朗読

A年（マタイ28・1—10）

イエスは復活し、あなたがたより先にガリラヤに行かれる

マタイによる福音《ふくいん》

1 さて、安息日《あんそくび》が終《お》わって、週《しゅう》の初《はじ》めの日《ひ》の明《あ》け方《がた》に、
マグダラのマリアともう一人《ひとり》のマリアが、墓《はか》を見《み》に行《い》った。
2 すると、大《おお》きな地震《じしん》が起《お》こった。
主《しゅ》の天使《てんし》が天《てん》から降《くだ》って近寄《ちかよ》り、石《いし》をわきへ転《ころ》がし、その上《うえ》に座《すわ》ったのである。
3 その姿《すがた》は稲妻《いなずま》のように輝《かがや》き、衣《ころも》は雪《ゆき》のように白《しろ》かった。
4 番兵《ばんぺい》たちは、恐《おそ》ろしさのあまり震《ふる》え上《あ》がり、死人《しにん》のようになった。
5 天使《てんし》は婦人《ふじん》たちに言《い》った。
「恐《おそ》れることはない。
十字架《じゅうじか》につけられたイエスを捜《さが》しているのだろうが、
6 あの方《かた》は、ここにはおられない。
かねて言《い》われていたとおり、復活《ふっかつ》なさったのだ。

さあ、遺体《いたい》の置《お》いてあった場所《ばしょ》を見《み》なさい。
7 それから、急《いそ》いで行《い》って弟子《でし》たちにこう告《つ》げなさい。
『あの方《かた》は死者《ししゃ》の中《なか》から復活《ふっかつ》された。
そして、あなたがたより先《さき》にガリラヤに行《い》かれる。そこでお目《め》にかかれる。』
確《たし》かに、あなたがたに伝《つた》えました。」
8 婦人《ふじん》たちは、恐《おそ》れながらも大《おお》いに喜《よろこ》び、急《いそ》いで墓《はか》を立《た》ち去《さ》り、
弟子《でし》たちに知《し》らせるために走《はし》って行《い》った。
9 すると、イエスが行《ゆ》く手《て》に立《た》っていて、「おはよう」と言《い》われたので、
婦人《ふじん》たちは近寄《ちかよ》り、イエスの足《あし》を抱《だ》き、その前《まえ》にひれ伏《ふ》した。
10 イエスは言《い》われた。
「恐《おそ》れることはない。
行《い》って、わたしの兄弟《きょうだい》たちにガリラヤへ行《い》くように言《い》いなさい。
そこでわたしに会《あ》うことになる。」

福音朗読

B年（マルコ16・1―7）

十字架につけられたナザレのイエスは復活された

マルコによる福音《ふくいん》

1 安息日《あんそくび》が終《お》わると、
マグダラのマリア、ヤコブの母《はは》マリア、サロメは、
イエスに油《あぶら》を塗《ぬ》りに行《い》くために香料《こうりょう》を買《か》った。
2 そして、週《しゅう》の初《はじ》めの日《ひ》の朝《あさ》ごく早《はや》く、日《ひ》が出《で》るとすぐ墓《はか》に行《い》った。
3 彼女《かのじょ》たちは、
「だれが墓《はか》の入《い》り口《ぐち》からあの石《いし》を転《ころ》がしてくれるでしょうか」と話《はな》し合《あ》っていた。
4 ところが、目《め》を上《あ》げて見《み》ると、石《いし》は既《すで》にわきへ転《ころ》がしてあった。
石《いし》は非常《ひじょう》に大《おお》きかったのである。
5 墓《はか》の中《なか》に入《はい》ると、白《しろ》い長《なが》い衣《ころも》を着《き》た若者《わかもの》が右手《みぎて》に座《すわ》っているのが見《み》えたので、
婦人《ふじん》たちはひどく驚《おどろ》いた。
6 若者《わかもの》は言《い》った。

7
「驚《おどろ》くことはない。
あなたがたは十字架《じゅうじか》につけられたナザレのイエスを捜《さが》しているが、
あの方《かた》は復活《ふっかつ》なさって、ここにはおられない。
御覧《ごらん》なさい。お納《おさ》めした場所《ばしょ》である。
さあ、行《い》って、弟子《でし》たちとペトロに告《つ》げなさい。
『あの方《かた》は、あなたがたより先《さき》にガリラヤへ行《い》かれる。
かねて言《い》われたとおり、そこでお目《め》にかかれる』と。」

福音朗読

C年（ルカ24・1―12）

なぜ、生きておられる方を死者の中に捜すのか

ルカによる福音《ふくいん》

1 週《しゅう》の初《はじ》めの日《ひ》の明《あ》け方早《がたはや》く、〔婦人《ふじん》たちは、〕準備《じゅんび》しておいた香料《こうりょう》を持《も》って墓《はか》に行《い》った。

2 見《み》ると、石《いし》が墓《はか》のわきに転《ころ》がしてあり、

3 中《なか》に入《はい》っても、主《しゅ》イエスの遺体《いたい》が見当《みあ》たらなかった。

4 そのため途方《とほう》に暮《く》れていると、輝《かがや》く衣《ころも》を着《き》た二人《ふたり》の人《ひと》がそばに現《あらわ》れた。

5 婦人《ふじん》たちが恐《おそ》れて地《ち》に顔《かお》を伏《ふ》せると、二人《ふたり》は言《い》った。

「なぜ、生《い》きておられる方《かた》を死者《ししゃ》の中《なか》に捜《さが》すのか。

6 あの方《かた》は、ここにはおられない。復活《ふっかつ》なさったのだ。

まだガリラヤにおられたころ、お話《はな》しになったことを思《おも》い出《だ》しなさい。

7 人《ひと》の子《こ》は必《かなら》ず、罪人《つみびと》の手《て》に渡《わた》され、十字架《じゅうじか》につけられ、

三日目《みっかめ》に復活《ふっかつ》することになっている、と言《い》われたではないか。」

8 そこで、婦人《ふじん》たちはイエスの言葉《ことば》を思《おも》い出《だ》した。

9 そして、墓《はか》から帰《かえ》って、十一人《にん》とほかの人皆《ひとみな》に一部《いちぶ》始終《しじゅう》を知《し》らせた。
10 それは、マグダラのマリア、ヨハナ、ヤコブの母《はは》マリア、
そして一緒《いっしょ》にいた他《た》の婦人《ふじん》たちであった。
婦人《ふじん》たちはこれらのことを使徒《しと》たちに話《はな》したが、
11 使徒《しと》たちは、この話《はなし》がたわ言《ごと》のように思《おも》われたので、婦人《ふじん》たちを信《しん》じなかった。
12 しかし、ペトロは立《た》ち上《あ》がって墓《はか》へ走《はし》り、身《み》をかがめて中《なか》をのぞくと、
亜麻布《あまぬの》しかなかったので、この出来事《できごと》に驚《おどろ》きながら家《いえ》に帰《かえ》った。

復活の主日　日中のミサ

イエスが死者の中から復活した後、わたしたちはイエスと一緒に食事をした

第一朗読（使徒言行録10・34ａ、37―43）

使徒《しと》たちの宣教《せんきょう》

その日《ひ》、

34a ペトロは口《くち》を開《ひら》きこう言《い》った。

37 「あなたがたは〔このことを〕ご存《ぞん》じでしょう。ヨハネが洗礼《せんれい》を宣《の》べ伝《つた》えた後《のち》に、ガリラヤから始《はじ》まってユダヤ全土《ぜんど》に起《お》きた出来事《できごと》です。

38 つまり、ナザレのイエスのことです。神《かみ》は、聖霊《せいれい》と力《ちから》によってこの方《かた》を油《あぶら》注《そそ》がれた者《もの》となさいました。イエスは、方々《ほうぼう》を巡《めぐ》り歩《ある》いて人々《ひとびと》を助《たす》け、悪魔《あくま》に苦《くる》しめられている人《ひと》たちをすべていやされたのですが、

それは、神《かみ》が御一緒《ごいっしょ》だったからです。
39 わたしたちは、イエスがユダヤ人《じん》の住《す》む地方《ちほう》、
特《とく》にエルサレムでなさったことすべての証人《しょうにん》です。
人々《ひとびと》はイエスを木《き》にかけて殺《ころ》してしまいましたが、
40 神《かみ》はこのイエスを三日目《みっかめ》に復活《ふっかつ》させ、人々《ひとびと》の前《まえ》に現《あらわ》してくださいました。
41 しかし、それは民全体《たみぜんたい》に対《たい》してではなく、前《まえ》もって神《かみ》に選《えら》ばれた証人《しょうにん》、
つまり、イエスが死者《ししゃ》の中《なか》から復活《ふっかつ》した後《あと》、
御一緒《ごいっしょ》に食事《しょくじ》をしたわたしたちに対《たい》してです。
42 そしてイエスは、
御自分《ごじぶん》が生《い》きている者《もの》と死《し》んだ者《もの》との審判者《しんぱんしゃ》として神《かみ》から定《さだ》められた者《もの》であることを、
民《たみ》に宣《の》べ伝《つた》え、力強《ちからづよ》く証《あか》しするようにと、わたしたちにお命《めい》じになりました。
43 また預言者《よげんしゃ》も皆《みな》、イエスについて、
この方《かた》を信《しん》じる者《もの》はだれでもその名《な》によって罪《つみ》の赦《ゆる》しが受《う》けられる、と証《あか》ししています。」

第二朗読（コロサイ3・1―4）

使徒《しと》パウロのコロサイの教会《きょうかい》への手紙《てがみ》

皆《みな》さん、
1 あなたがたは、キリストと共《とも》に復活《ふっかつ》させられたのですから、
上《うえ》にあるものを求《もと》めなさい。
そこでは、キリストが神《かみ》の右《みぎ》の座《ざ》に着《つ》いておられます。
2 上《うえ》にあるものに心《こころ》を留《と》め、地上《ちじょう》のものに心《こころ》を引《ひ》かれないようにしなさい。
3 あなたがたは死《し》んだのであって、
あなたがたの命《いのち》は、キリストと共《とも》に神《かみ》の内《うち》に隠《かく》されているのです。
4 あなたがたの命《いのち》であるキリストが現《あらわ》れるとき、
あなたがたも、キリストと共《とも》に栄光《えいこう》に包《つつ》まれて現《あらわ》れるでしょう。

または

第二朗読（一コリント5・6b—8）

新しい練り粉のままでいられるように、
古いパン種をきれいに取り除きなさい

使徒《しと》パウロのコリントの教会《きょうかい》への手紙《てがみ》

皆《みな》さん、
6b わずかなパン種《だね》が練《ね》り粉《こ》全体《ぜんたい》を膨《ふく》らませることを、知《し》らないのですか。
7 いつも新《あたら》しい練《ね》り粉《こ》のままでいられるように、古《ふる》いパン種《だね》をきれいに取《と》り除《のぞ》きなさい。
現《げん》に、あなたがたはパン種《だね》の入《はい》っていない者《もの》なのです。
キリストが、わたしたちの過越《すぎこし》の小羊《こひつじ》として屠《ほふ》られたからです。
8 だから、古《ふる》いパン種《だね》や悪意《あくい》と邪悪《じゃあく》のパン種《だね》を用《もち》いないで、
パン種《だね》の入《はい》っていない、純粋《じゅんすい》で真実《しんじつ》のパンで過越祭《すぎこしさい》を祝《いわ》おうではありませんか。

福音朗読（ヨハネ20・1―9）

ヨハネによる福音《ふくいん》

1 週《しゅう》の初《はじ》めの日《ひ》、朝早《あさはや》く、まだ暗《くら》いうちに、マグダラのマリアは墓《はか》に行《い》った。
そして、墓《はか》から石《いし》が取《と》りのけてあるのを見《み》た。
2 そこで、シモン・ペトロのところへ、
また、イエスが愛《あい》しておられたもう一人《ひとり》の弟子《でし》のところへ走《はし》って行《い》って彼《かれ》らに告《つ》げた。
「主《しゅ》が墓《はか》から取《と》り去《さ》られました。
どこに置《お》かれているのか、わたしたちには分《わ》かりません。」
3 そこで、ペトロとそのもう一人《ひとり》の弟子《でし》は、外《そと》に出《で》て墓《はか》へ行《い》った。
4 二人《ふたり》は一緒《いっしょ》に走《はし》ったが、
もう一人《ひとり》の弟子《でし》の方《ほう》が、ペトロより速《はや》く走《はし》って、先《さき》に墓《はか》に着《つ》いた。
5 身《み》をかがめて中《なか》をのぞくと、亜麻布《あまぬの》が置《お》いてあった。
しかし、彼《かれ》は中《なか》には入《はい》らなかった。
6 続《つづ》いて、シモン・ペトロも着《つ》いた。

彼《かれ》は墓《はか》に入《はい》り、亜麻布《あまぬの》が置《お》いてあるのを見《み》た。
7 イエスの頭《あたま》を包《つつ》んでいた覆《おお》いは、亜麻布《あまぬの》と同《おな》じ所《ところ》には置《お》いてなく、
離《はな》れた所《ところ》に丸《まる》めてあった。
8 それから、先《さき》に墓《はか》に着《つ》いたもう一人《ひとり》の弟子《でし》も入《はい》って来《き》て、見《み》て、信《しん》じた。
9 イエスは必《かなら》ず死者《ししゃ》の中《なか》から復活《ふっかつ》されることになっているという聖書《せいしょ》の言葉《ことば》を、
二人《ふたり》はまだ理解《りかい》していなかったのである。

＊この福音のかわりに、復活徹夜祭の福音（66—71ページ参照）を読むことができる。
夕刻のミサが行われる場合は次ページの福音を用いることができる。

夕刻のミサが行われる場合、次の福音を用いることができる。

一緒にお泊まりください。そろそろ夕方になりますから

福音朗読（ルカ24・13―35）

ルカによる福音《ふくいん》

13 この日《ひ》、すなわち週《しゅう》の初《はじ》めの日《ひ》、
二人《ふたり》の弟子《でし》が、
エルサレムから六十スタディオン離《はな》れたエマオという村《むら》へ向《む》かって歩《ある》きながら、
14 この一切《いっさい》の出来事《できごと》について話《はな》し合《あ》っていた。
15 話《はな》し合《あ》い論《ろん》じ合《あ》っていると、
イエス御自身《ごじしん》が近《ちか》づいて来《き》て、一緒《いっしょ》に歩《ある》き始《はじ》められた。
16 しかし、二人《ふたり》の目《め》は遮《さえぎ》られていて、イエスだとは分《わ》からなかった。
17 イエスは、「歩《ある》きながら、やり取《と》りしているその話《はなし》は何《なん》のことですか」と言《い》われた。
二人《ふたり》は暗《くら》い顔《かお》をして立《た》ち止《ど》まった。
18 その一人《ひとり》のクレオパという人《ひと》が答《こた》えた。

「エルサレムに滞在《たいざい》していながら、この数日《すうじつ》そこで起《お》こったことを、
あなただけはご存《ぞん》じなかったのですか。」
19 イエスが、「どんなことですか」と言《い》われると、二人《ふたり》は言《い》った。
「ナザレのイエスのことです。
この方《かた》は、神《かみ》と民全体《たみぜんたい》の前《まえ》で、行《おこな》いにも言葉《ことば》にも力《ちから》のある預言者《よげんしゃ》でした。
20 それなのに、わたしたちの祭司長《さいしちょう》たちや議員《ぎいん》たちは、
死刑《しけい》にするため引《ひ》き渡《わた》して、十字架《じゅうじか》につけてしまったのです。
21 わたしたちは、あの方《かた》こそイスラエルを解放《かいほう》してくださると望《のぞ》みをかけていました。
しかも、そのことがあってから、もう今日《きょう》で三日目《みっかめ》になります。
22 ところが、仲間《なかま》の婦人《ふじん》たちがわたしたちを驚《おどろ》かせました。
婦人《ふじん》たちは朝早《あさはや》く墓《はか》へ行《い》きましたが、
23 遺体《いたい》を見《み》つけずに戻《もど》って来《き》ました。
そして、天使《てんし》たちが現《あらわ》れ、『イエスは生《い》きておられる』と告《つ》げたと言《い》うのです。
24 仲間《なかま》の者《もの》が何人《なんにん》か墓《はか》へ行《い》ってみたのですが、婦人《ふじん》たちが言《い》ったとおりで、
あの方《かた》は見当《みあ》たりませんでした。」←

25
そこで、イエスは言《い》われた。
「ああ、物分《ものわ》かりが悪《わる》く、
心《こころ》が鈍《にぶ》く預言者《よげんしや》たちの言《い》ったことすべてを信《しん》じられない者《もの》たち、
26
メシアはこういう苦《くる》しみを受《う》けて、栄光《えいこう》に入《はい》るはずだったのではないか。」
27
そして、モーセとすべての預言者《よげんしや》から始《はじ》めて、
聖書全体《せいしよぜんたい》にわたり、御自分《ごじぶん》について書《か》かれていることを説明《せつめい》された。
28
一行《いつこう》は目指《めざ》す村《むら》に近《ちか》づいたが、イエスはなおも先《さき》へ行《い》こうとされる様子《ようす》だった。
29
二人《ふたり》が、「一緒《いつしよ》にお泊《と》まりください。そろそろ夕方《ゆうがた》になりますし、
もう日《ひ》も傾《かたむ》いていますから」と言《い》って、無理《むり》に引《ひ》き止《と》めたので、
イエスは共《とも》に泊《と》まるため家《いえ》に入《はい》られた。
30
一緒《いつしよ》に食事《しよくじ》の席《せき》に着《つ》いたとき、
イエスはパンを取《と》り、賛美《さんび》の祈《いの》りを唱《とな》え、パンを裂《さ》いてお渡《わた》しになった。
31
すると、二人《ふたり》の目《め》が開《ひら》け、イエスだと分《わ》かったが、その姿《すがた》は見《み》えなくなった。
32
二人《ふたり》は、「道《みち》で話《はな》しておられるとき、また聖書《せいしよ》を説明《せつめい》してくださったとき、
わたしたちの心《こころ》は燃《も》えていたではないか」と語《かた》り合《あ》った。

33 そして、時《とき》を移《うつ》さず出発《しゅっぱつ》して、エルサレムに戻《もど》ってみると、
十一人《にん》とその仲間《なかま》が集《あつ》まって、
34 本当《ほんとう》に主《しゅ》は復活《ふっかつ》して、シモンに現《あらわ》れたと言《い》っていた。
35 二人《ふたり》も、道《みち》で起《お》こったことや、
パンを裂《さ》いてくださったときにイエスだと分《わ》かった次第《しだい》を話《はな》した。

聖木曜日　聖香油のミサ

主はわたしに油を注がれた。わたしを遣わして貧しい人
に良い知らせを伝えさせ、喜びの香油を与えるために

第一朗読（イザヤ61・1―3a、6a、8b―9）

イザヤの預言《よげん》

1 主《しゅ》はわたしに油《あぶら》を注《そそ》ぎ
主《しゅ》なる神《かみ》の霊《れい》がわたしをとらえた。
わたしを遣《つか》わして
貧《まず》しい人《ひと》に良《よ》い知《し》らせを伝《つた》えさせるために。
打《う》ち砕《くだ》かれた心《こころ》を包《つつ》み
捕《と》らわれ人《びと》には自由《じゆう》を
つながれている人《ひと》には解放《かいほう》を告知《こくち》させるために。
2 主《しゅ》が恵《めぐ》みをお与《あた》えになる年《とし》

わたしたちの神《かみ》が報復《ほうふく》される日《ひ》を告知《こくち》して
嘆《なげ》いている人々《ひとびと》を慰《なぐさ》め
3a シオンのゆえに嘆《なげ》いている人々《ひとびと》に
灰《はい》に代《か》えて冠《かんむり》をかぶらせ
嘆《なげ》きに代《か》えて喜《よろこ》びの香油《こうゆ》を
暗《くら》い心《こころ》に代《か》えて賛美《さんび》の衣《ころも》をまとわせるために。
6a あなたたちは主《しゅ》の祭司《さいし》と呼《よ》ばれ
わたしたちの神《かみ》に仕《つか》える者《もの》とされ〔る。〕
8b 〔主《しゅ》なるわたしは〕まことをもって彼《かれ》らの労苦《ろうく》に報《むく》い
とこしえの契約《けいやく》を彼《かれ》らと結《むす》ぶ。
9 彼《かれ》らの一族《いちぞく》は国々《くにぐに》に知《し》られ
子孫《しそん》は諸国《しょこく》の民《たみ》に知《し》られるようになる。
彼《かれ》らを見《み》る人《ひと》はすべて認《みと》めるであろう
これこそ、主《しゅ》の祝福《しゅくふく》を受《う》けた一族《いちぞく》である、と。

第二朗読（黙示録1・5―8）

ヨハネの黙示《もくし》

5 証人《しょうにん》〔であり〕、誠実《せいじつ》な方《かた》、
死者《ししゃ》の中《なか》から最初《さいしょ》に復活《ふっかつ》した方《かた》、地上《ちじょう》の王《おう》たちの支配者《しはいしゃ》、
イエス・キリストから恵《めぐ》みと平和《へいわ》があなたがたにあるように。
わたしたちを愛《あい》し、御自分《ごじぶん》の血《ち》によって罪《つみ》から解放《かいほう》してくださった方《かた》に、
6 わたしたちを王《おう》とし、御自身《ごじしん》の父《ちち》である神《かみ》に仕《つか》える祭司《さいし》としてくださった方《かた》に、
栄光《えいこう》と力《ちから》が世々限《よよかぎ》りなくありますように、アーメン。
7 見《み》よ、その方《かた》が雲《くも》に乗《の》って来《こ》られる。
すべての人《ひと》の目《め》が彼《かれ》を仰《あお》ぎ見《み》る、
ことに、彼《かれ》を突《つ》き刺《さ》した者《もの》どもは。
地上《ちじょう》の諸民族《しょみんぞく》は皆《みな》、彼《かれ》のために嘆《なげ》き悲《かな》しむ。
然《しか》り、アーメン。

わたしたちを王とし、父である神に仕える祭司としてくださった

8
神《かみ》である主《しゅ》、今《いま》おられ、かつておられ、やがて来《こ》られる方《かた》、全能者《ぜんのうしゃ》がこう言《い》われる。
「わたしはアルファであり、オメガである。」

福音朗読（ルカ4・16―21）

主の霊がわたしの上におられる。主がわたしに油を注がれたからである

ルカによる福音《ふくいん》

そのとき、

16 イエスはお育《そだ》ちになったナザレに来《き》て、いつものとおり安息日《あんそくび》に会堂《かいどう》に入《はい》り、
聖書《せいしょ》を朗読《ろうどく》しようとしてお立《た》ちになった。
17 預言者《よげんしゃ》イザヤの巻物《まきもの》が渡《わた》され、お開《ひら》きになると、
次《つぎ》のように書《か》いてある個所《かしょ》が目《め》に留《と》まった。
18 「主《しゅ》の霊《れい》がわたしの上《うえ》におられる。
貧《まず》しい人《ひと》に福音《ふくいん》を告《つ》げ知《し》らせるために、
主《しゅ》がわたしに油《あぶら》を注《そそ》がれたからである。
主《しゅ》がわたしを遣《つか》わされたのは、
捕《と》らわれている人《ひと》に解放《かいほう》を、
目《め》の見《み》えない人《ひと》に視力《しりょく》の回復《かいふく》を告《つ》げ、

圧迫《あっぱく》されている人《ひと》を自由《じゆう》にし、
19 主《しゅ》の恵《めぐ》みの年《とし》を告《つ》げるためである。」
20 イエスは巻物《まきもの》を巻《ま》き、係《かかり》の者《もの》に返《かえ》して席《せき》に座《すわ》られた。
会堂《かいどう》にいるすべての人《ひと》の目《め》がイエスに注《そそ》がれていた。
21 そこでイエスは、
「この聖書《せいしょ》の言葉《ことば》は、今日《きょう》、あなたがたが耳《みみ》にしたとき、実現《じつげん》した」と話《はな》し始《はじ》められた。

朗読聖書　聖なる過越の三日間

一九九三年三月十日　第一刷発行
二〇二〇年四月一日　第四刷発行
日本カトリック司教協議会認可

編集　日本カトリック典礼委員会
発行　カトリック中央協議会
〒一三五－八五八五　東京都江東区潮見二－一〇－一〇
日本カトリック会館内
☎〇三－五六三二－四四一一（代表）
☎〇三－五六三二－四四二九（出版部）
https://www.cbcj.catholic.jp/
印刷　株式会社精興社
ISBN978-4-87750-062-7 C3016